AF296648

COLLECTION

GÉNÉALOGIQUE

SUR LA MAISON

DE LE SÉNÉCHAL,

EN BRETAGNE.

COLLECTION

GÉNÉALOGIQUE

SUR LA MAISON

DE LE SÉNÉCHAL,

EN BRETAGNE.

I.

Extrait de l'*Armorial général de France*
Regiſtre 11, Part. 2e.

DES trois Généalogies qu'on réunit ici,
la premiere, extraite de l'*Armorial* de
M. d'Hozier, a été rédigée par M. l'Abbé
d'Etrées, qui travailloit alors chez le Juge
d'Armes. Son mérite eſt de rapporter fidèle-
ment les preuves de la Maiſon de le Sénéchal,
& d'analyſer les Arrêts des deux Réforma-
tions de la Nobleſſe qu'il y a eu en Bretagne dans différens ſiecles.

Dans le compte rendu à la Cour par

M. de Clairambault sur la Maison de le Sénéchal, on remarquera qu'il a bien mieux vu que M. l'Abbé d'Etrées ce qui concerne l'Office de Sénéchal héréditaire. La raison de cela est que M. l'Abbé d'Etrées ne commençoit qu'à s'initier dans des connoissances où M. de Clairambault, si justement estimé, étoit consommé.

La Généalogie qu'on trouve dans le Dictionnaire de Moréry est intéressante, en ce qu'elle donne la suite de tous les grands Sénéchaux qui ont succédé aux premiers Auteurs de la Maison de le Sénéchal, & montre ce qu'ils étoient. On y voit moins de détails domestiques & plus de traits historiques, ce qui convenoit mieux, en effet, à ce genre d'ouvrage.

On observera qu'il y a dans les archives des Châteaux de Carcado & de Molac, beaucoup de titres qui n'ont pas été rapportés par les Auteurs ci-dessus, mais que l'on trouvera dans des Recherches particulieres qui se font actuellement sur la Maison de le Sénéchal

LE SÉNESCHAL CARCADO,

DES ANCIENS SIRES
SÉNESCHAUX FÉODÉS
ET HÉRÉDITAIRES DE ROHAN,
EN BRETAGNE.

D'Azur, à neuf Macles d'or, posées trois, trois & trois (1).

UAND le Juge d'Armes avanceroit ici que les Seigneurs de CARCADO ou communément KERCADO, sont au rang des plus Grands Seigneurs de

____

(1) Les premiers Sceaux de la Maison n'étoient qu'à

A iij

leur Province, il ne croiroit rien hasarder.
En effet, outre que leurs premiers auteurs
se trouvent Sénéchaux Féodés & Héréditaires
de la Vicomté de Rohan dès le XII Siecle,
presque auffi anciennement que le Château de
cette Vicomté fut bâti (1), on ne peut faire
un pas dans l'Histoire des Maisons de Rohan,
de Rieux, de Maleftroift, de Trébrimoel-
Coetniel, de Molac, de la Chapelle, de
Rosmadec, que l'on n'y rencontre quelque
personnage du nom de le SÉNESCHAL, en
Latin *Senefcallus*, *Sinifcallus*, & *Sinifcalcus*,
qui eft celui des Seigneurs de Kercado. Et
pour tout dire en un mot, l'Histoire de leur
Maison eft moins leur Histoire particuliere que
celle des Maisons que l'on vient de citer,
puisque sans compter les mariages qui les ont
unies toutes plusieurs fois les unes avec les

---

fept Macles, fuivant un Recueil Armorial de Bretagne
attribué à Pierre d'Hozier, ayeul du Juge d'Armes, &
mis à la fuite d'une Histoire de cette Province par le
Baud, imprimée en 1638 à Paris chez Gervais Alliot.

(1) C'eft le fentiment du P. Lobineau que le Château
de Rohan fut bâti fur la fin du XI Siécle ou au commencement du XII par le Vicomte Alain de Rohan,
I du Nom, qui parlant de ce Château en l'an 1127,
l'appelle fon *Château neuf: Juxta portam Caftri mei novi
quod vocatur Rohan.*

autres, divers perſonnages de ces Maiſons,
& en particulier deux de celles de Rieux &
de Rohan, ont été comme eux & ſucceſſivement
après eux Sénéchaux Féodés & Héréditaires
de Rohan (1).

On juge même que comme il y avoit des
Terres attribuées au Sénéchal Héréditaire de
Rohan (2), & que ce Domaine appellé *la*

---

(1) Chacun ſait que l'emploi de Sénéchal étoit le
premier emploi à la Cour des Empereurs & dans celles
des Rois. Il étoit également Civil & Militaire, puiſque
le Sénéchal réformoit les Jugemens des Juges, & dans
les combats, commandoit l'Avant-garde des Armées,
ou l'Arriere-garde dans les Retraites. Il fut auſſi d'abord
perſonnel ; mais dans la ſuite il devint héréditaire.
Quand ſur la fin de la ſeconde Race de nos Rois, les
Gouverneurs des Provinces s'érigerent en Souverains,
ils formerent leurs Cours ſur le modèle de celui de leurs
anciens Maîtres, établirent chez eux les mêmes Charges,
les mêmes emplois, & pour parler en particulier des
Sénéchaux Héréditaires de Rohan, on peut dire qu'ils
ne furent point inférieurs à ceux des Provinces. Ils
portoient la Banniere lorſque le Vicomte alloit à la
guerre, & en ſon abſence ils commandoient les Nobles
du Païs.

(2) L'Emploi du Sénéchal Féodé Héréditaire de
Rohan n'étoit pas ſeulement conſidérable par les droits
honorifiques qui y étoient attachés ; il l'étoit auſſi par les

Sénéchallie, a pris de là son nom, celui des Seigneurs de Kercado en est également venu, ainsi qu'il est arrivé dans les Maisons des Seigneurs du nom de le Veneur, de le Bouteiller & autres (1). Et cette origine du nom, appuyé de la conformité des plus anciens Sceaux avec ceux de la Maison de Rohan (2), n'est point détruite ni même combattue par le P. Dom Morice, savant Bénédictin, qui en travaillant à une nouvelle Histoire de Bretagne, a eu occasion de faire beaucoup de découvertes précieuses, principalement sur les Sénéchaux Féodés de Rohan, dont on donnera ici une suite, à l'aide de quelques notes qu'il a bien voulu communiquer.

---

droits utiles dont il jouissoit. On verra plus bas en quoi consistoient ces droits.

(1) Il étoit d'un usage fort commun avant que les noms de Famille ayent été fixes, que celles qui avoient des emplois, des dignités, &c. se distinguassent par le nom de ces emplois. Outre les exemples que l'on cite ici, il en est plusieurs que le public peut ne point ignorer, & l'on voit encore aujourd'hui en quelques Provinces des traces de cet ancien usage.

(2) Les Armes de la Maison de Rohan qui sont actuellement *de gueules*, *à neuf Macles d'or*, étoient anciennement *à sept Macles*. Dans les Sceaux les couleurs ni les métaux ne sont point marqués.

Pour la preuve généalogique des Seigneurs
de Kercado, le Juge d'Armes la tire d'un
Arrêt de la Chambre de Réformation de Bretagne où, conformément aux titres originaux
fur lefquels il fut rendu & qui y font énon-
cés, on lit expreſſément que « le premier Sire
» Sénéchal Féodé & Héréditaire de Rohan
» dont on eût pu recouvrer des marques,
» étoit

PREMIER DEGRÉ.

» *Daniel le Séneſchal*, connu par la Charte
» de la Fondation qu'Alain de *ROHAN*, III
» du Nom, & Conſtance de *BRETAGNE* ſa
» femme, firent de l'Abbaye de Bonrepos au
» Dioceſe de Quimper, *la vigile* ou la veille
» de la Fête de S. Jean-Baptiſte de l'an 1184.
» Que c'eſt lui qui dans cette Charte (rap-
» portée aux colomnes 157 & 158 du Volume
» des preuves de l'Hiſtoire de Dom Lobineau),
» eſt nommé le quatrieme des Seigneurs, té-
» moins de la munificence & de la libéralité
» d'Alain ; Que les autres témoins étoient
» Amelin de *MAYENNE*, Olivier de la
» *ROCHE*, Luc de *PONTCHARDUN*, Guil-
» laume du *CHASTELIER*, Hervé de *VITRÉ*,
» Robert d'*APILLÉ*, Guillaume de la

» *GUERCHE*, *Teſtibus his Hamelino de Me-*
» *duana*, *Oliverio de Rocha*, *Luca de Pontchar-*
» *dun*, *Daniele Seneſchallo* . . . . . *Guillelmo de*
» *Chaſteler*, *Herveo de Vitreio*, *Roberto de Apil-*
» *leio* . . . . . *Guillelmo de Guircha*, &c. Enfin
» que c'eſt encore lui qui paroît comme té-
» moin dans une ſeconde Charte, par laquelle
» le même Alain de Rohan confirma, peu d'an-
» nées après, une donation qu'il avoit faite
» à l'Abbaye de Bonrepos, de quelques Egliſes
» ſituées en Angleterre ». Et même dans cette
derniere Charte (qu'Alain adreſſe expreſſément au Sénéchal de la Vicomté, *Alanus Vi-*
cecomes de Rohan Seneſchallo ſuo & omnibus ho-
minibus ſuis Francis & Anglicis, *omnibuſque*
Sanctæ Matris Eccleſiæ fidelibus, &c.) il le
nomme le premier après EUDON, fils du
Comte de Bretagne (1), HENRI ſon frere, &

---

(1) Ce Comte de Bretagne eſt Eude ou Eudon
Vicomte de Porrhoet qui après avoir été reconnu pour
Souverain de Bretagne en 1148, à la mort de Conan
le Gros, pere de la Comteſſe Berthe ſa premiere femme,
fut dépouillé & même fait priſonnier en 1156 par Conan
le Petit, fils de Berthe & d'Alain *le Noir*, Comte de
Richemont, ſon premier mari. Sorti de ſa priſon, il fit
pluſieurs tentatives pour ſe mettre en poſſeſſion de la
Bretagne, ſur-tout après la mort de Conan *le Petit* en

un Hervé de *LEON: His testibus Alano filio meo., sponsa mea, Francisia, Eudone filio Comitis, Henrico fratre ipsius, Herveo de Leon, Daniele Seneschallo.*

Alain de Rohan l'avoit déja nommé en cet ordre dans la Charte de ces donations, où l'on trouve aussi un ALAIN le Séneschal, qui, suivant le P. Dom Morice, fut Sénéchal Féodé & Héréditaire vers l'an 1195 ; & celui-ci que l'on présume avoir été fils de Daniel, eut pour successeur immédiat, aux termes de l'Arrêt,

I I. D E G R É.

FRAVAL le Séneschal, I du Nom, Cheva-

1171. Mais tout le fruit qu'il retira de ces tentatives ce fut le titre de Comte que lui conserverent les Seigneurs attachés à son parti. Eude ou Eudon qui étoit sorti de son second lit, n'eut qu'une fille mariée avec Raoul de *FOUGERES*, pere de Jeanne de *FOUGERES*, qui épousa le 29 Janvier 1253 le Comte de la Marche, Hugues de *LUSIGNAN*, XII du nom, surnommé *le Brun*. Lobin. Tom. I. pag. 237. Ces faits paroissent n'avoir pas été assez examinés par les Auteurs de l'Histoire des Grands Officiers de la Couronne, qui donnent pour mere à Jeanne de Fougeres *Isabel de Craon*, au lieu de la fille d'Eudon de Porrhoët. *Hist. des Grands Officiers, Tome III*, pag. 51 & 81.

lier, qui ne recueillit la Sénéchallie sans doute
que comme frere du précédent & également
fils du premier Sénéchal dont on ait connoiſ-
ſance. L'Arrêt porte « qu'il fut témoin d'une
» donation faite à l'Abbaye de Bonrepos en
» 1204 par le fils aîné du Fondateur de cette
» Abbaye, Alain de *ROHAN*, IV du Nom,
» ſurnommé le jeune, qui dans la Charte de
» cette donation le cite après ſon frere Joſſe-
» lin de *ROHAN*, *iis Teſtibus magiſtro Guil-*
» *lelmo & Alano Capellanis, Joſcelino fratre*
» *meo, ... Fraval Seneſchallo, &c.* Que le
» Vicomte Joſſelin de Rohan le nomme de
» même immédiatement après Geoffroi & Co-
» nan de *ROHAN* ſes neveux, dans un acte
» qu'il fit en 1213, pour confirmer à l'Ab-
» baye tous les bienfaits qu'elle avoit reçus de
» ſon pere : *His teſtibus Herveo Capellano, Vice-*
» *comite Gaufrido & Conano fratre ſuo, Fravalo*
» *Seneſcallo, &c.* Qu'il fut pere de deux fils,
» ſavoir I. ALAIN le Séneſchal, qui, en 1254,
» fit lui-même un don à l'Abbaye de Bonre-
» pos, pour une Fondation dont l'acte le qua-
» lifie *Sire Séneſchal Féodé & Héréditaire de*
» *Rohan, Chevalier, & fils de Fraval le Sénéchal*
» auſſi *Sire, Sénéchal Féodé Héréditaire de Ro-*
» *han, & Chevalier;* 2.

III. DEGRÉ.

» *Monsour* OLIVIER le Sénefchal, I. du
» Nom, Chevalier, qu'un Henri de *QUES-*
» *NEQUEN*, Chevalier, donna au mois de
» Janvier de l'an 1259, pour caution à *Mon-*
» *sour* Alain, Vicomte de *ROHAN*, VI. du
» Nom, Chevalier, de qui il empruntoit une
» fomme de 300 livres ; Et qu'en 1262 l'Abbé
» & les Moines de Bonrepos ayant fait avec
» un nommé *Rivallon* une tranfaction dont Oli-
» vier le Sénefchal *Sire Sénefchal Féodé de Ro-*
» *han* fut témoin, à leur priere & requête il
» fcella cet acte de fon Sceau, où quoique
» demi-rompu l'on voyoit encore *cinq Ma-*
» *cles* ».

En 1258, foit du tems d'Olivier le Sénefchal, foit fous fon frere Alain, il s'étoit fait
au fujet de la Sénéchallie, une Enquête que
l'on ne doit point omettre ici, parce qu'elle
fournit toutes les lumieres qu'on auroit pu de-
firer fur les droits utiles attachés à la Charge.
Il y eft dit que « la premiere prérogative du
» Sénéchal, après celle de porter la Banniere
» & de commander les Nobles, étoit *le congé*
» *de perfonne & de menée*, ou autrement le pou-
» voir de fe *délivrer* aux Plaids Généraux de

» la Vicomté ès Barres de Pontivy, de Cor-
» lée, de Loudeac & en beaucoup d'autres,
» d'y mener ses Sujets, de les congédier, de
» leur ôter leur héritage, & de le donner à
» d'autres (1); Qu'il lui apparténoit d'instituer
» un Lieutenant en toutes ces Barres & Ju-
» risdictions pour y rendre la Justice, & de
» mettre un Sergent Général & Féodé, qui,
» suivant l'ancienne coutume, devoit être
» Noble (2); Que quant au Domaine il étoit
» composé des Châtelenies de Coetniel, de la
» Motte-Donon, des Fiefs de S. Caradec, de
» Cadellac; Que le Sénéchal avoit toutes
» Terres, Jurisdictions (c'est-à-dire, toute Jus-
» tice haute, moyenne & basse), Galoiz (3),

---

(1) Pour connoître mieux ce droit, on peut voir ce
que dit le P. Lobineau sur le *Domaine congéable*, Tome
I, page 72, & dans le Volume des Preuves le partage
donné en 1422 par le Duc Jean V à son frere Artur.

(2) L'usage étoit le même en Bretagne qu'en Normandie. Voyez ce qui est dit plus haut à l'article
HÉRAULT, dans la note sur les *Sergens Fieffés*, pag 1 & 2.

(3) Le *Galoiz*, en Latin *Galorium*, selon le P. Lobi-
neau dans le Glossaire qui est à la fin du Volume des
preuves de son Histoire de Bretagne, sont en langage
Breton les *biens meubles & immeubles*, ce qui fait le
Domaine, les facultés de quelqu'un. *Galoer*, est en Bas-
Breton *pouvoir*, *posse*.

» Éspaves (1), prérogatives de Nobleſſe &
» obéiſſance ès Paroiſſes de S. Alleu, d'Uzel,
» de Guillio & de Guern, & qu'outre cela il
» levoit le vingtieme denier des Fermes, Bail-
» lées, Tailles, Aydes, Taxes & Amendes
» de toute la Vicomté, &c. ». C'étoit ſans
contredit un revenu très-conſidérable non ſeulement pour le tems, mais par rapport au
Domaine de la Vicomté même, qui ne pro-
duiſoit alors que deux mille cinq cens livres,
ſuivant l'acte d'un partage donné en 1259 par
le Vicomte Alain VI, à ſes cadets Joſſelin &
Guion de Rohan (2).

Le même Vicomte de Rohan, Alain VI du
Nom, augmenta encore ce Domaine en 1264,
en accordant à Olivier le Sénéſchal & à ſes
deſcendans une exemption du droit de Bail ou
de Rachat (3), pour toute la Seigneurie de la

---

(1) On appelloit en Bretagne *Eſpaves*, les choſes
perdues ſur un Fief, & qui par-là appartiennent au
Seigneur du Fief.

(2) Selon cette eſtimation, il devoit revenir 250 liv.
par an au Sénéchal, ſans compter ce qu'il retiroit du
fonds annexé à la Sénéchallie.

(3) Le *Bail* qui en terme de Coutume ſignifie *la garde
& tutele des biens d'un mineur juſqu'à l'âge de majorité*,
fut anciennement la même choſe en Bretagne, ſelon

Sénéchallie & pour tout ce qu'ils tenoient ou pourroient tenir dans la mouvance de la Vicomté. Par cet acte qui mérite bien d'être rapporté ici en entier, le Vicomte engagea formellement sa parole que « ni lui ni les siens » ne pourroient rien demander à l'avenir à » Olivier & aux siens dans toutes leurs Terres » pour raison de ce droit, ni les empêcher

---

l'assise du Comte Geoffroi, qui porte expressément « que le Bail (*Ballia*) seroit déférée au frere du pere, » ou au défaut de frere, à celui des parens ou amis à » qui le pere l'auroit laissé avec le consentement du » Seigneur Suzérain. » Du tems de Pierre *Mauclerc*, les Seigneurs Bretons, suivant l'exemple que leur donnoit le Souverain, commencerent à se saisir du Bail des mineurs, sous prétexte que les services Militaires des Fiefs étant d'une nécessité indispensable. il falloit pourvoir à ce que le service se fît sans interruption malgré le bas âge des mineurs, que c'étoit à eux qu'il appartenoit de se charger de ce soin, & qu'ils seroient plus en état que les autres de nommer des Chevaliers capables de servir. Au mois de Janvier 1275 (vieux style) Jean *le Roux*, I du Nom, fils de Pierre *Mauclerc*, changea le droit de bail en celui de *Rachat* ou de *Relief*, à l'exemple de ce qui se pratiquoit dans le Domaine-Royal de France, en Normandie & même en Angleterre où Guillaume *le Conquérant* en avoit porté l'usage. Le *Rachat* ou le *Relief* est le revenu d'une année.

» de

» de tester comme bon leur fembleroit ; Vou-
» lant même que fi Olivier ou quelqu'un de
» fes héritiers venoit à décéder fans tefter, il
» lui fût élu un de fes amis pour veiller à la
» confervation de fes Terres au profit de fes
» héritiers; Voulant pareillement que ces mêmes
» héritiers entraffent fans contredit ni diffi-
» culté en poffeffion de ces Terres & fuffent
» reçus à hommes par le Vicomte ; Et fuppliant
» de plus fon Seigneur le Comte de Bretagne
» de vouloir maintenir & conferver audit Oli-
» vier & à fes héritiers l'effet de la concef-
» fion au cas que le Vicomte de Rohan ou
» les fiens vouluffent venir contre dans la
» fuite ». *Univerfis præfentes litteras infpecturis
vel audituris Alanus Vicecomes de Rohan, Miles, falutem in Domino fempiternam. Notum
facimus quòd nos pro nobis & hæredibus noftris
quittamus benignè & fideliter concedimus Oliverio Senefcallo in Vicecomitatu de Rohan, Militi
& fuis hæredibus & fucceforibus in perpetuum
Ballia omnium Terrarum quas idem Oliverius &
hæredes fui tenent à nobis & noftris hæredibus,
& tenere intendunt ; nec nos feu hæredes noftri
poffumus aliquid petere à dicto Oliverio, nec à
fuis hæredibus in dictis terris ratione Ballii ; nec
poffumus nos nec hæredes noftri perturbare feu*

prohibere. quin præfatus Oliverius & hæredes sui possint condere seu facere testamenta sua, seu, prout sibi viderint, expedire, salvo tamen jure nostro in rebus aliis omnibus, exceptis Balliis antedictis. Et si contigerit quòd. idem Oliverius vel aliquis hæredum suorum decedant intestati, de consilio hominum suorum debet eligi unus ex amicis tempore Oliverii & hæredum suorum & expertus ad commodum, utilitatem & opus earum tempore hæredum Oliverii supra dicti. Et si idem electus decederet vel malè dictas terras custodiret, vel malè uteretur exitibus earumdem, dicti homines poterunt alium de amicis dictorum Oliverii & hæredum suorum eligere ad custodiendas dictas terras, & earum exitus ad opus & commodum hæredum Oliverii supra dicti ; nec possumus nos nec hæredes nostri perturbare quin hæredes dicti Oliverii sint in pacificâ possessione dictarum terrarum in quacunque ætate sint, nec denegare quin recipiamus eos tempore in homines nostros in qualicunque ætate sint constituti ; nec etiam possumus nos nec hæredes nostri compellere dictum Oliverium nec hæredes suos, qualescunque sint, ad maritandum seu matrimonium contrahendum. Supplicamus etiam nos Domino nostro Comiti Britanniæ & eidem concedimus, quòd si nos vel hæredes nostri contra præmissa vel aliqua præ-

*missorum processerimus vel fecerimus in aliquo,
quòd in tempore omnia præmissa faciat integra,
omni contentione nostrâ dimissâ penitùs & amotâ.
Noverint insuper universi, quòd idem Oliverius
pro se & hæredibus suis quittavit Ballia in tota
terra quam tempore ipse & sui hæredes tenent &
tenere intendunt à nobis & hæredibus nostris in
Vicecomitatu de Rohan, eisdem modo & puncto
quibus dicta Ballia eidem & suis hæredibus quic-
tamus, prout superius continetur. In quorum præ-
missorum testimonium & munimentum præsentes
Litteras sigilli nostri munimine duximus roboran-
das mense Junio anno Domini 1264.*

L'Arrêt qui énonce aussi cette Concession,
y ajoûte que « le Vicomte Alain & Olivier le
» Sénefchal ayant eu depuis un différend tou-
» chant les droits que les Seigneurs Sénéchaux
» Féodés Héréditaires avoient dans la Vicomté
» de Rohan, ils firent entr'eux une transac-
» tion, par laquelle le Vicomte, après avoir
» reconnu que *les prédécesseurs d'Olivier avoient*
» *joüi de ces droits,* & pour avoir *la liberté de*
» *nommer un Alloué à tenir ses plaids dans ses*
» *Jurisdictions quand il ne pourróit les tenir en*
» *personne,* convint de donner à son adversaire
» *vingt livres de rente en Fief entre les riviéres*
» *d'Aoust & de Blavet;* Que l'acte de cette tran-

» saction daté du mois d'Août de l'an 1269,
» étoit encore scellé du Sceau d'Olivier le Séne-
» schal, qui étoit de cire verte à sept Macles en
» relief, & autour duquel on lisoit : *Sigillum*
» *Olivarii Senescalli Vicecommitatûs de Rohan* ;
» Que Pierre de *QUERGORLAI*, ou *KER-*
» *GORLAI*, Chevalier, Sénéchal de Monsei-
» gneur le Comte de Bretagne en Cornouaille,
» qui avoit mis son Sceau à l'acte d'un accord
» passé entre les Religieux de Bonrepos & quel-
» ques particuliers, le pria par une Lettre ex-
» presse d'y mettre aussi le sien pour une grande
» fermeté de l'acte ; Que cette Lettre dont la
» date avoit été endommagée par l'injure des
» tems & qu'on ne lisoit plus qu'à moitié, dé-
» butoit ainsi : *Nobili viro Domino Oliverio Se-*
» *nescallo Vicecomitatûs de Rohan, Petrus de*
» *Querugorlé, Miles, Senescallus tunc temporis*
» *Domini Comitis Britaniæ in Cornubiâ & ......*
» *salutem in Domino, &c.* » Qu'il eut pour fils,
IV. DEGRÉ.

« FRAVAL (1) le Séneschal, II. du Nom, Sire,
» Sénéchal Féodé Héréditaire de Rohan & Che-
» valier, nommé dans une transaction faite en

---

(1) Fraval le Sénéchal II, avoit épousé Jullienne de
Rochefort, fille de Jullien, Sire de Rochefort, & de
Jeanne de Bretagne,

» fa préfence au mois de Mai de l'an 1272, en-
» tre les Moines de l'Abbaye de Bonrepos &
» un Hamon fils d'Audren *GUERN ;* Qu'il
» mourut peu de tems après, & laiffa deux fils,
1. OLIVIER le Sénefchal qui n'eut qu'une fille,
mais dont on ne laiffera pas de parler en particulier, pour fuivre la fucceffion de la Sénéchallie, & 2. EON ·le Sénefchal qui continuë la
defcendance.

V. DEGRÉ.

OLIVIER le Sénefchal, II. du Nom, Sire,
Sénéchal Féodé & Héréditaire de Rohan, a la
preuve de fa filiation dans un acte bien folem-
nel & bien authentique. C'eft une tranfaction
que le Duc de Bretagne Jean II. du Nom, Comte
de Richemont, ménagea en 1289, entre lui &
le Vicomte de Rohan Alain VI. du Nom, fur
le fujet de quelques droits qu'il prétendoit
comme Sénéchal Féodé. Le Duc qui le nomme
expreffément *petit-fils de Monfour Olivier le
Sénefchal*, le qualifie auffi *Monfour* en trois en-
droits différens ; & outre qu'on y reconnut
une feconde fois de part & d'autre le droit
que les Sénéchaux Féodés devoient prendre
dans toute la Vicomté, il y fut arrêté que
« toutes les Lettres qu'Olivier pourroit avoir

» ſoit du Vicomte ſoit de ſes ancêtres, & no-
» tamment l'exemption de rachat accordée
» audit Monſour Olivier ſon ayeul en 1264, ſe-
» roient tenues en tous points ».

Il s'eſt trouvé dans les Archives de Blain,
entre les procès & accords de la principauté de
Léon, un autre acte d'Olivier le Séneſchal dont
on ne peut juger mieux qu'en le rapportant ici
dans toute ſa teneur. Il eſt ainſi conçu : *A tous
ceulx qui ces préſentes Lettres verront & orront,
ROLLAND DE QUERGORLÉ ET OLIVIER
LE SÉNESCHAL, ECUYERS, ſalut en Deu.
Sachez tous que nous & chacung de nous, cédons
& quittons purement & ſimplement à tousjours-
mais à Noble homme Monſour Hervé de LÉON,
Chevalier, l'einzné (l'aiſné) & ò ſéans tous quant
que nous & chacung de nous debvons & poons
avoir en quelque maniere que ce ſoit, de rentes &
d'héritages dudict Monſour Hervé ; c'eſt à ſavoir,
nous ledict Rolland vingt livres de rentes, &
nous ledict Olivier dix livres de rente par la raiſon
de l'Ordonnance de Hault Prince & Noble notre
Seigneur JEHAN, Duc de Bretaigne, Comte de
Richemont entre ledict Monſour Hervé d'une part
& nous Rolland & Olivier deſſuſdicts & aulcungs
autres amis feu Monſour Alain NUZ, Chevalier,
de l'autre, pour aulcungs beaux ſez faicts & à faire*

à nous *Rolland & Olivier & à chacung de nous ,
deudict Monsour Hervé de Léon ou de ses amis , quit-
tant & laissant de tout en tout , nous Rolland &
Olivier & chacung de nous audict Monsour Hervé
de Léon & aux séans à jamès & transportant à ice-
luy tout le droict , toute la réson & toute l'action que
nous poons & debvons avoir en quelque maniere à
la Terre , & ès Terres Monsour Hervé , le fils Salo-
mon , jadis Chevalier , & en toutes aultres Terres....
Douné tesmoings nos Sçeaux propres pour nous &
chacung de nous à la requeste de l'aultre à mere
fermeté les Sceaux Rolland , Olivier & Alain de
COITHELS , à ceste Lettre apposez à la priere de
nous , le jeudy en lendemain de la feste S. Mahé
l'Apoustre , l'an de grace 1300 , en la ville de Guin-
gan.* Les Sceaux de Rolland de Kergorlai &
d'Alain de Coithels sont l'un *vairé , à une bande
vairée* du second quartier au troisieme , avec ces
mots *S. Rolland de Quergorlé , Ecuyer* , l'autre à
une tête de Lion ; Et celui d'Olivier le Séneschal
est à *sept Macles* , avec *une barre en cotice traver-
sant du premier au quatrieme quartier* (1) ; mais il
ne reste plus de la légende que ce mot , *Olivier.*

---

(1) Il paroît que la *Cotice* qui servoit de brisure pour
distinguer les Armes du Sénéchal d'avec celles du Vicomte , a été remplacée par le changement du champ
de *gueules* en *azur.*

B iv.

La fille qu'Olivier le Sénefchal laiffa héritiere du droit de Sénéchal Féodé, & de la Sénéchallie attachée à ce droit, fut JEANNE le Sénefchal qui époufa Joffelin de *TRÉBRIMOEL*, Seigneur de Coétniel, Vicomte de Bignan, Chevalier, & n'eut de ce mariage qu'une fille nommée Marie de *TRÉBRIMOEL;* Mais cette fille, reftée comme fa mere Sénéchalle de Rohan, & Dame de Coetniel, Vicomteffe de Bignan, ayant porté tous ces biens en mariage à GUI DE *MOLAC*, IV. du Nom, Sire de Molac, &c. celui-ci les tranfmit à fes defcendans de mâle en mâle jufqu'à GUI, Sire de *MOLAC*, VII. ou dernier du Nom, fon arriere-petit-fils, qui en 1407, par Sentence rendue en la Jurifdiction de Ploermel entre lui & le Vicomte de Rohan, Alain de *ROHAN*, VIII. du Nom, fut maintenu dans la poffeffion d'inftituer un Lieutenant pour rendre la Juftice dans les Cours du Vicomté.

Selon quelques notes communiquées par le P. Dom Morice, Gui de Molac, VII. ou dernier du Nom, mourut en 1411, laiffant pour fille & unique héritiére JEANNE DE *MOLAC*, Dame de Molac, déjà mariée avec Pierre de *RIEUX*, dit *de Rochefort*, Seigneur d'Acerac & de Derval, qui en qualité de Sénéchal

Féodé de Rohan, du chef de sa femme, & autorisé par son pere Jean de *RIEUX*, II. du nom, Sire de Rieux & de Rochefort, Maréchal de France, passa avec le Vicomte de Rohan, Alain de *ROHAN*, VIII. du Nom, le 12 Avril 1412, un acte d'appointement, par lequel Alain confessa « que les Terres que Gui » de Molac, pere de Jeanne, avoit tenues en » la Vicomté comme Sénéchal de Rohan & à » cause de sa Sénéchallie, étoient exemptes » de rachapt »; & il déclara en même tems approuver les Lettres d'exemption de l'an 1264. Mais Pierre de Rieux que l'on fait avoir été nommé Maréchal de France le 12 Août 1417, n'ayant point eu de postérité de Jeanne de Molac morte en 1419, les droits de la Sénéchallie avec le titre de Sénéchal Féodé Héréditaire de Rohan, passerent dans la même année à titre d'hérédité à Gui *ou* Guyon de la *CHAPELLE*, Sire de la Chapelle, qui étoit petit-fils d'une sœur de Gui de Molac, nommée Alliette, & fut le treiziéme Sénéchal Féodé & Héréditaire de Rohan depuis Daniel le Sénefchal.

Gui *ou* Guyon de la Chapelle qui comptoit pour bisayeul Olivier de la *CHAPELLE*, Baron de la Chapelle, Chevalier & Maréchal

de Bretagne en 1319, & qui fut lui-même
Chambellan du Duc Jean V. & Gouverneur
de Monsieur Pierre de Bretagne, second fils de
ce Prince, ayant été tué en 1429, celui qui
lui succéda dans la Sénéchallie, ainsi que dans
les biens & Terres de son propre chef, fut
son fils JEAN DE LA *CHAPELLE*, I. du Nom,
Sire de la Chapelle & de Molac, qui le 2
Décembre 1432, rendit au Vicomte de Rohan,
Alain de *ROHAN*, IX. du Nom, un aveu
d'autant plus précieux, qu'on y voit quels
étoient encore & les droits & les devoirs des
Sénéchaux. Jean de la Chapelle y déclara
« qu'il avoit toujours toutes Terres, Jurisdic-
» tions, Gallois, Espaves, Prérogatives, No-
» blesse & obéissance ès Paroisses de S. Alleu,
» d'Uzel, du Quillio & de Guern, ensemble le
» droit de se délivrer à congé de personne &
» de menée ès Barres de Pontivy, de Corlée,
» de Loudéac-la-Vicomté aux plaids Généraux
» d'icelle, & à telles prérogatives de Noblesse
» qu'il convenoit alternativement avec le Sire
» du Gué-de-l'Isle (Seigneur cadet de la Mai-
» son de Rohan); Que c'étoit de ses droits
» héritels qu'il lui appartenoit avoir, mettre
» & instituer le Sergent appellé le Sergent du
» Sénéchal *Feyé* ou Féodé de la Vicomté, par

» les mains duquel il faifoit lever & recevoir
» les chefs-rentes du Vicomte; Que c'étoit
» auffi par caufe de fes héritages de la Séné-
» challie Féodée, qu'il devoit bailler & pré-
» fenter pour lui un Lieutenant chargé de
» comparoir & d'exercer tous les généraux
» plaids de Pontivy, de Corlée & de Loudéac-
» la-Vicomté, qui étoient affignés en l'abfence
» du Vicomte; mais qu'en toutes & une cha-
» cune de ces Jurifdictions & généralement en
» tous les droits héritels, rentes, Seigneuries,
» obéiffances, profits, émolumens & préroga-
» tives qui lui appartenoient en la Vicomté de
» Rohan, il étoit connoiffant & confeffant les
» tenir *ligement & à foi* du Vicomte, & que
» par raifon il lui devoit obéir comme homme
» doit faire pour fon Seigneur lige, néanmoins
» *fans aucun devoir de rachat &c.* ».

A Jean de la Chapelle, I. du Nom, fuccéde-
rent immédiatement fes deux fils Jean de la
CHAPELLE, II. du Nom, mort en 1477, fans
lignée, & ALAIN de la *CHAPELLE*, Sire de
la Chapelle, de Molac, de Serent, de Peftivien,
Vicomte de Bignan, Chambellan du Duc de
Bretagne François II. Capitaine d'une Compagnie d'Ordonnances &c. qui mourut en 1506,
laiffant de Louife de *MALESTROIT* fa feconde

femme, fille de Jean de *MALESTROIT*, Seigneur d'Uzel, 1. GUION, 2. YSABEAU, & 3.
JEANNE DE LA *CHAPELLE*. GUION de la
Chapelle se mit après son pere en possession
de la Sénéchallie comme des Terres de Molac,
de Coetniel & de Bignan ; mais il ne les pos-
séda pas long-tems, étant mort en 1510, sans
avoir été marié. Elles passerent donc à YSA-
BEAU de la Chapelle sa sœur aînée & principale héritiere, ou plutôt à son mari, Jean de
ROHAN, Seigneur de Landal, & de Coiron-
sur-Loire, Grand Maître de Bretagne, qui devint par-là le dix-huitiéme Sénéchal Féodé de
Rohan, comme on le voit par un titre du 7
Avril 1516, où à toutes ses qualités sont join-
tes celles de *Sire de la Chapelle & de Molac*, &
où est nommée avec lui *Damoiselle Ysabeau de
la Chapelle, sa Compaigne* (1).

Ysabeau de la Chapelle qui ne fut que la
seconde femme de Jean de Rohan (2), mourut

----

(1) Les Auteurs de l'Histoire des Grands Officiers de
la Couronne ne parlent ni du mariage de Jean de Rohan
avec Ysabeau de la Chapelle, ni de la qualité que lui
apporta ce mariage. Ils ont apparemment ignoré l'un &
l'autre fait.

(2) Suivant l'Histoire des Grands Officiers de la
Couronne, il avoit épousé en premieres noces Guionne

encore sans postérité en 1519. Et la succession
fut recueillie par sa sœur, JEANNE de la Chapelle qui avoit été mariée deux fois, la premiére le 19 Février 1505, avec JEAN DE *ROS-
MADEC*, Sire de Rosmadec, III. du Nom,
mort en 1515 ; la seconde avec Raoul du
JUCH, Seigneur de Pratanros, mort sans enfans mâles (3). Jeanne de la Chapelle avoit eu
du premier lit ALAIN DE *ROSMADEC*, Sire
de Rosmadec, Vicomte de Bignan, Maréchal
de Camp ès Armées du Roi en Bretagne ; Et
celui-ci qui épousa le 8 Mai 1528 Jeanne du
CHASTEL, fille aînée de Tannegui Sire du
CHASTEL, petit-neveu de fameux Tannegui
du *CHASTEL*, Grand-Maître de l'Ecurie, ou
autrement Grand Ecuyer de France sous Charles VII. laissa entr'autres enfans TANNEGUI DE

---

de *LORGERIL*, Dame de Lorgeril, fille de Jean Seigneur de Lorgeril, & de Françoise de *PARTHENAY*.

(3) Raoul du Juch, étoit un cadet des Seigneurs
Barons du Juch, qui au rapport du P. Lobineau, jouis-
soient d'une distinction particuliere dans les Etats de la
Province. C'étoit par un privilege particulier accordé à
leurs ancêtres, de porter le Manteau du Duc quand il
n'en étoit point revêtu, & de l'avoir à eux à la fin des
Etats. *Hist. de Bretagne, Tome I, page* 680. La Maison
étoit une des anciennes Maisons du Diocèse de Quimper.

ROSMADEC, Baron de Molac, Sénéchal de Rohan, Vicomte de Bignah, Chevalier de l'Ordre du Roi, Lieutenant de Sa Majesté en Bretagne, Capitaine de cinquante Hommes d'armes de ses Ordonnances, &c. dont le petit-fils, Sebastien de *ROSMADEC* II. du Nom, Marquis de Rosmadec, Comte de la Chapelle, Baron de Molac, &c. Gouverneur de Quimper & de Dinan, après une contestation de plusieurs années entre les Ducs de Rohan & les Sénéchaux Féodés Heréditaires, transigea le 8 Mai 1641 avec l'héritiere du dernier Duc, Marguerite Duchesse de *ROHAN*, & par le même acte lui vendit tous les droits de la Sénéchallie, ensemble ce qui restoit du Domaine. On a vû que ce Domaine avoit été démembré dès la fin du XIII. Siécle, & depuis encore, la plus grande partie en avoit été vendue ou donnée en partage. Ainsi fut éteint après plus de cinq Siécles un droit dont rien ne prouve mieux la grandeur que de le voir possédé par un des descendans de ceux mêmes qui l'avoient créé. Cet exemple a d'autant plus de poids, que personne n'ignore combien la Noblesse étoit alors attentive à ne prendre aucune alliance (1).

----

(1) On peut sentir sur cet usage l'esprit de la No-

ni aucun emploi qui fût au-deſſous de ſon rang.

V. DEGRÉ.

EON *ou* EUDON le Séneſchal, Seigneur du Bot, dans la Paroiſſe de S. Caradec, de Kercado, &c. (frere puîné d'Olivier le Séneſchal, II du Nom, & comme lui fils de Fraval II (1), eſt lié avec les Sénéchaux Féodés Héréditaires de Rohan, d'une maniere qui ne laiſſe aucun doute ſur ſon origine ; & en effet ce qui établit cette liaiſon, ce n'eſt pas ſeulement le nom de *le Séneſchal* qu'il porta comme

---

bleſſe par les repréſentations qu'elle fit en 1614 auRoi Louis XIII, en ſuppliant ce Prince d'ordonner « que » pour la conſervation du bien & honneur des Familles » Nobles, les filles de Noble extraction ne puſſent être » mariées à perſonnes de vile & abjecte condition que » par le conſentement de quatre de leurs parens plus » proches autres que l'héritier, à peine d'être privées » & leur poſtérité de leurs partages & ſucceſſions col-» latérales qui feroient acquiſes dès le jour de leur » mariage à leurs aînés ou ſucceſſeurs. » Voyez les pages 672 & 673 du ſecond Volume de l'Armorial général de France, Regiſtre premier, où ſont rapportées les principales ſupplications du Corps de la Nobleſſe.

(2) Fils de Fraval II & de Jullienne de Rochefort, fille de Jullien, Sire de Rochefort, & de Jeanne de Bretagne.

ſes aînés & qu'il tranſmit à ſes deſcendans; c'eſt la Terre même du Bot dans la Paroiſſe de S. Caradec, qu'il eut en partage ſur la fin du XIII ſiécle, & que ſes mêmes deſcendans ont toujours tenue depuis en ramage des Sires Sénéchaux Féodés & Héréditaires de Rohan, & ligement des Vicomtes avec exemption de rachat.

On voit qu'au mois de Juillet 1430, & en Juin 1434, comme un de ſes deſcendans étoit attaqué pour le droit de rachat par le Receveur du Vicomte, & qu'il s'agiſſoit par conſéquent pour lui de juſtifier que ſes Terres dépendantes de la Vicomté en étoient exemptes, il ſe fit à ce ſujet deux Enquêtes juridiques où pluſieurs témoins nobles dépoſerent » Que » les Manoir & Terre du Bot dont il étoit » queſtion, avoient toujours été reconnus » francs & exempts de rachat, parce que » c'étoit l'héritage d'Eon le Sénéchal qui étoit » Juveigneur des Sires Sénéchaux Féodés & héréditaire de Rohan; qu'en un mot, c'étoient » une Juveignerie & une partie de la Terre de » la Sénéchallie Féodée de Rohan; & que la » Sénéchallie étant exempte du droit de rachat en vertu de la conceſſion donnée à » Olivier le Sénéchal Ier du nom, en 1264,

» la

» la même exemption paſſoit auſſi à la Terre
» du Bot, qui en étoit un démembrement ;
» qu'il étoit indubitable qu'Eon le Sénéchal étoit
» Juveigneur des Sénéchaux Féodés, puiſque
» lui & ſes ſucceſſeurs en avoient toujours
» porté les Armes tant en Sceaux , qu'en
» peintures , avec les différences & les bri-
» ſures de cadets , & qu'aucun d'eux n'avoient
» payé le rachat ni à la mort de *Monſour*
» Gui Sire de *MOLAC* (VIIe du nom) ni à
» celle de Jeanne de *MOLAC* ; ſa fille , &c. «
En conféquence celui qui étoit attaqué fut
déchargé de la demande faite contre lui ; &
l'on ſait que ce Jugement a toujours ſervi de
loi dans la ſuite en faveur des Seigneurs de
Kercado : au lieu que ceux qui avoient acquis des Seigneurs de la Chapelle ou de Roſ-
madec des Terres annexées à la Sénéchallie ,
furent condamnés à payer le droit de rachat ,
parce que l'exemption de ce droit étoit un pri-
vilége accordé aux ſeuls Sénéchaux Féodés
& à leurs deſcendans & non aux acquéreurs
d'un ſang étranger.

Quant à la Terre de Carcado ou Kercado,
dont le nom s'eſt toujours joint à celui de la
Maiſon depuis Eon le Sénéchal , l'Enquête
porte » qu'il l'avoit eue en épouſant OLIVE

» DE *CARCADO* ou *KERCADO* , héritiere
» de fon nom , & que cette Terre étoit auffi
» franche de rachat par un exemption parti-
» culiere que les Vicomtes de Rohan avoient
» donnée aux Seigneurs du nom de Kercado. «
Le même Eon le Sénefchal & Olive de Kercado
laifferent de leur alliance quatre fils. 1. RI-
CHARD , 2. ALAIN, 3. GUILLAUME, & 4.
GUI ou GUION le Sénefchal.

RICHARD le Sénefchal vivoit en 1354
& mourut fans laiffer de poftérité.

ALAIN le Sénefchal étant devenu l'héritier
principal & Noble de la Maifon par le décès
de fon aîné, fut en cette qualité Seigneur de
Kercado & du Bot, & continue la defcendance.

GUILLAUME le Sénefchal eut fon partage
en la Cour de Pontivy *le famedi après la Fête
de Noyal* de l'an 1368, par acte où il eft dit
que fon frere Alain » en lui donnant en pro-
» pre ce qui lui appartenoit dans les fuccef-
» fions de leurs pere & mere le reçut *à*
» *Homme comme Juveigneur* & lui fit rendre
» de bouche l'hommage de foi avec toute la
» folemnité requife, en préfence de *Monfour*
» Gui, Sire de *MOLAC*, ou de *Monfour* Gui fon
» fils , de *Monfour* Olivier *THOMELIN*,

» de Quillot de *QUESNECAN* ou *QUÉNÉ-*
» *CAN*, dit *de Brohais*, & autres. « Il fut un
des Seigneurs dont le Duc s'affura & prit le
ferment en 1371 & 1372, lorfque les plus
puiffans d'entre les Barons eurent protefté à
ce Prince qu'ils l'abandonneroient & le chaf-
feroient du Païs, dès qu'ils le verroient dif-
pofé à aider le Roi d'Angleterre. Ceux qui
firent le même ferment en cette occafion,
étoient entr'autres Jean de *ROHAN*, Ier. Vicomte du nom; Brient de *LANNION*; Rol-
land de *KERGORLÉ*; Charles de *DINAN*;
Rolland, Vicomte de *COETMEN*, & Thomas
de *MELBURNE*, que le Duc envoya peu
de temps après en Angleterre, pour traiter
avec le Roi Edouard III. Et dans l'acte même
par lequel il engagea fa foi au Duc, font
nommés Alain *SAISIZ*, Bizian de *MON-*
TEVILLE, Eon de *KEROENON*, Hervé
de *KERSALIOU*. Il mourut auffi fans enfans,
& peut-être fans avoir été marié.

Gui ou Guion le Sénefchal fe trouve nommé
fix fois dans l'Ouvrage du Pere Lobineau;
la premiere, fous l'année 1373, entre les
Chevaliers & Ecuyer, à la tête defquels le
Connétable Bertrand du Guefclin, le Duc de
Bourbon Louis, II du nom, avec les Comtes

d'Alençon & du Perche, mirent le Siége devant la Ville de Brest, lorfque Charles V, averti d'une defcente que les Anglois devoient faire en Bretagne, attirés par le Duc, envoya faifir le païs fur ce Prince, qui fut obligé de fe retirer en Angleterre; la feconde, fous le 15 Août 1377, à l'occafion du fiége & de la prife d'Aurai par le Connétable Olivier de Cliffon, qui étoit alors Lieutenant de Charles V en Bretagne, & qui avoit depuis quelques années une Compagnie de deux cens Lances, où avec *Guion le Sénefchal* on remarquoit entr'autres le Baron de *RAIZ*, les Sires de *MONTRELAIS* & de *BEAUMANOIR*, Renaud de *TOUARS*, un *CALLAC*, un *SESMAISONS*, un *PERRENO*, un du *ROUVRÉ*, un du *CHASTEL*, un *MONTAUBAN*, un le *ROUX*, un du *BEC*, tous Chevalier, un du *JUCH*, un *MAULÉON*, un du *PARC*, un *SÉVÉRAC*, un *COURCILLON*, & autres; la troifiéme, comme un des vingt-deux Ecuyers, qui à une montre ou revûe faite à la Baftille-Saint-Gouefnou proche Breft le 15 Octobre 1378, fe trouverent aux gages du Roi en fes guerres du païs de Bretagne, fous le Gouvernement du Sire de Cliffon, & fous la Banniere du Sire de Léon, Alain de *ROHAN*, VIIIe du nom (1); la quatriéme, entre les Seigneurs, qui lors de la révolution arrivée en faveur du Duc sur la fin de la même année 1378, ou au commencement de l'année suivante, s'oppoférent au deffein que Charles V avoit formé d'envahir la Bretagne, en vertu de la confifcation prononcée par le Parlement de Paris le 4 Septembre, & jurèrent de s'entraider à la défenfe du droit Ducal, voulant bien que l'on obligeât leur Prince à renoncer à l'alliance de l'ennemi commun du Royaume, mais non qu'on le dépouillât de l'héritage de fes peres ; la cinquiéme, pour avoir obtenu le 30 Mai 138ĭ conjointement avec Hervé du *LÉHOUC*,

----

(1) Les noms des Compagnons du Sire de Léon étoient Monfeigneur Prigent de *TRELEVER*, Monfeigneur Hervé de *LÉHEUC* (ou du *LÉHOUC*) Chevaliers, Guillaume de *LÉHEUC*, Salmon de *LEMINUEN*, Guillaumar *HUON*, Olivier de *CORNOUAILLE*, Noël de *ROSSERF*, Olivier de *TRELEVER*, Olivier le *MOINE*, Guillaume *RIOU*, Hervé du *REST*, Derien de *KERBERNEU*, Guillaume le *BORGNE*, Hervé *COZIC*, Hervé *QUENECULLEN*, Yvon *GUÉRANT*, Olivier *KERBELLAUF*, Jehan *GUIAUMAR*, Yvon *BRESAL*, Guillaume de *KERMERIEN*, Jehan *KERLIVER* & Jehan *PEN*, Ecuyers.

C iij

Guillaume *HERVÉ* , Jean du *RENALZÉ* ,
Salemon le *NEPVOU* , Morice *KERAINS-*
QUIER , Guillaume du *LÉHOUC* , Guillaume
RIOU , Olivier le *MOINE* , fils , Eon le
MOINE , & Hërvé *GUYON*, dés Lettres par
lefquelles le Duc déclara que quoiqu'ils euffent
tenu le parti du Roi à l'encontre de lui, il
vouloit, confentoit & octroyoit qu'ils fuffent
rétablis entiérement, franchement & pleine-
ment en la jouiffance de toutes leurs Terres
droits & poffeffions quelconques, ...
leurs remettant & pardonnant par la teneur
de ces Lettres tous cas qu'eux & chacung
d'eulx pouvoient avoir encouru devers lui ;
» comme ainfi foit (lit-on dans ces Lettres)
» que par le traiâtié faiâ entre Monfieur le Roi -
» d'une part , & Nous , d'aultre part , tous
» ceulx qui auront tenu le parti de Monfieur
» le Roi contre Nous , & ceulx qui auront
» été de noftre part contre Monfieur le Roi,
» pour caufe du débat pour lequel lediâ traic-
» tié a été faiâ , revendront & retourne-
» ront entierement à tous leurs droiâs, terres
» & poffeffions qu'ils avoient avant lediâ
» débat , & qui depuis leur peuvent & doi-
» vent appartenir en aucune maniere , fans
» ce que pour occafion dudiâ débat l'on leur

» y puiſſe mettre empêchement ; & avec ce
» tous ceulx qui ont tenu le parti d'un coſté
» & d'aultre comme deſſus , demourront
» quittes & paiſibles de tous cas , crimes ,
» maléfices , multres , crevis de maiſons , ra-
» viſſement de femmes , pilleries , roberies ,
» & de quelſconques autres crimes & choſes
» commis & perpétrés par eulx , & ſembla-
» blement de démolitions , emparemens de
» nouveaux édifices de Fortereſſes par eulx
» faicts durant ledict débat & pour occaſion
» d'icelui , ſans ce que l'on en puiſſe deman-
» der à eulx ne à lours oirs ne pour le temps
» à venir aucune choſe criminellement ou
» civilement , & ſans ce qu'ils ſoient tenus
» d'en rendre aucun compte , & ſeront toutes
» rancunes ou maltalens quelconques remis &
» pardonnés d'une partie & d'aultre, & avec ce
» tous ceulx de quelque eſtat ou condition
» qu'ils ſoient Receveurs , Officiers , ou autres
» qui ont été avec Monſieur le Roi, & tenu ſon
» parti ou pays de Bretagne , & en la Chaſtelle-
» nie de Chaſteauceaux ſeront pour eulx & leurs
» héritiers quittes & paiſibles perpétuellement
» de tout ce qu'ils ont prins , reçeu & levé
» de tout le temps dudit débat & pour oc-
» caſion d'icelui & par eſpécial depuis que

» nous partifmes dudit pays, & que le Sire
» de Cliçon, & autres, ont eu le Gou-
» vernement pour Monfieur le Roi des For-
» tereffes du Demaine de noftre Duchié,
» &c. (1). « Enfin la fixiéme, comme un des
Seigneurs Bretons qui, en 1383, firent la Cam-
pagné de Flandres avec leur Duc, quand ce
Prince marcha au fecours du Comte Louis,
VI du nom, dans les Etats de qui les Anglois
étoient defcendus pour porter enfuite la guerre
en France. Dans cette occafion Guion le Sénefchal fervit encore en qualité d'Ecuyer, fous
la Banniére d'Alain de Rohan, VIIIe du nom;
& dans le rôle de la Montre faite à Thérouanne
le 28 Septembre, fe trouvent nommés avec
lui fous le même titre d'*Ecuyers* Henri de
PENMARCH, Hervé du *MESGOEZ*, Ber-
nard du *MESGOEZ*, Yvon *BRESAL*,
Yvon de *S. GOUEZNOU*, Guillaume *RIOU*,
Noel *ROSERF*, Jehannin de *ROSNYVINEN*,
Jehannin *GUIOMARH*, Olivier du *COET-*
LOSQUET (ortographié *Quoeclofquet*), Thomas, Seigneur de la *Ville-Audrain*, ou de la
VILLE-AUDREN, Fremin du *BOIS-GUIL-*
LAUME, & autres.

____

(1) Hiftoire de Bretagne, Preuves, p. 624 & 625.

VI DEGRÉ.

ALAIN le Sénefchal reconnu par l'acte de 1368, pour le fils aîné & principal hoir d'Eon le Sénefchal, & en cette qualité Seigneur de Kercado & du Bot-Saint-Caderec, mourut en 1372, dans fon Manoir du Bot, & poffeffeur des mêmes Terres, fuivant une des Enquêtes citées plus haut. Il avoit été marié deux fois, la premiere, avec JEANNE DE *PLOEUC*, fille du Sire de Ploeuc, la feconde, avec Johannette du *PONT*, de la Maifon des Sires du *PONT-L'ABBÉ*.

Du premier lit, il n'étoit forti qu'une fille. Ce fut YSABELLE le Sénefchal, qui époufa le Sire du *BOIS-BOUEXEL*, & dont le fils Guillaume du *BOIS - BOUEXEL*, Sire du Bois-Bouexel, tranfigea le 5 Janvier 1430 avec Guillaume de *PLOEUC*, Chevalier, Seigneur de Ploeuc, pour le partage dû à Yfabelle le Sénefchal, du chef de Jeanne de *PLOEUC* fa mere, grande - tante de Guillaume de Ploeuc.

De Jouannette du Pont, au profit de laquelle il fut paffé deux actes les 3 & 4 Décembre 1406, Alain le Sénefchal laiffa deux fils; fçavoir, 1. EVEN le Sénefchal qui fuit, &

2. PIERRE ou PIERROT le Sénefchal, nommé
dans le Rôle d'une Montre qui fe fit à Mante-
fur-Seine le 5 Septembre 1386 , de la Chambre
ou Compagnie de Gens-d'Armes de *Monfei-*
gneur Jehan Sire de *LANDEVY* , Chevalier-
Bachelier , compofée de fept autres Bacheliers,
& de quatre - vingt - deux Ecuyers. Les fept
Bacheliers étoient *Monfeigneur* Guillaume des
PREZ , M. Amboys d'*ORENGE* , M. Jehan
des *SEPEAUX* (ou de *SCEPEAUX*) M.
Guillaume de *CHAUVIGNY* , M. Jehan de
la *PATRIÉRE* , M. Guillaume d'*ORENGE* ,
& M. Jehan de *VARGE*. Pour Compagnons
de Pierre le Sénefchal , on trouve entr'autres
un Jehan *QUATRE - BARBES* DE LA *RON-*
GERE , un Jehan d'*ANDIGNÉ* , un Olivier
d'*ANDIGNÉ* , un Guillaume du *CHASTEL-*
LET , un Fouquet de *THEVALLE* , un Geof-
froi du *BOIS - BERENGER* , un Hue de
BEAUVOIR , un Roullent de la *CHAPELLE.*

V I I   D E G R É.

EVEN le Sénefchal, Seigneur du Bot-Saint-
Caradec, de Carcado & de Brohais, laiffé fous
la tutelle & garde de fa mere, ajouta à fes
biens paternels la Terre & Seigneurie de Brohais, comme héritiers de Guillot de *QUÉNÉ*,

QUEN, dit *de Brohais*, mais non fans quelque difficulté, ayant eu un Procès à ce fujet avec Jean de *KERMAN*, héritier de la femme de Guillot de Quénéquen, qui fe nommoit Alix de Quénéquen, & étoit de la même Maifon que fon mari. C'eft ce que l'on voit par un acte judiciel fait en la Jurifdiction de Pontivy le 23 Février 1388.

Comme fils & héritier principal & Noble d'Alain le Sénefchal, il s'en fit un femblable aux Plaids Généraux de Loudéac le 3 Octobre 1399, entre lui & un Geoffroi *HUGUET*, touchant un échange que ce dernier avoit fait trente ans auparavant avec Alain le Sénefchal, & pour lequel Joannette du Pont l'avoit pourfuivi en Juftice, dans le temps qu'elle étoit tutrice d'Even. Au mois de Septembre 1412, il lui fut donné un aveu par Olivier *BAHUNO* (ou du *BAHUNO*) qui confeffa tenir de lui ligement & en foi fon Ténement avec fes appartenances, reconnut lui devoir quinze deniers de chefs-rentes, & promit de lui obéir comme Homme-lige doit faire à fon Seigneur.

Le Vicomte de Rohan Alain de *ROHAN* VIII du Nom, ayant fait en la Jurifdiction de Ploermel le 26 Août 1419, un acte par lequel il approuva l'appointement paffé le 12 Avril

1412 entre lui & Pierre de Rieux, mari de Jeanne de Molac, touchant l'exemption de rachat qu'ils prétendoient pour les Terres de Trébrimoel & de Bréhan, l'acte fut scellé du Sceau des Contrats de la Cour où il se passoit ; & à la Requête du Vicomte même, Even le Séneschal y mit aussi le sien qui est de *sept Macles à une Cotice*, pour marque de la Juveigneurie des Seigneurs de Kercado & leur ramage ou descendance des anciens Sires, Sénéchaux Féodés & Héréditaires de Rohan.

Even le Séneschal étant le seul de son nom que l'on trouve dans le tems où il vécut, il paroît hors de doute que c'est lui qui accompagna le Duc de Bretagne Jean V, & son frere Artus de Bretagne, Comte de Richemont, dans le voyage que ces deux Princes firent à Amiens en 1423, vers les Ducs de Bedfort & de Bourgogne, pour ménager un accommodement entre le Roi Charles VII & les Anglois. Le Duc vouloit en cette occasion paroître avec l'éclat convenable à sa qualité ; & pour cela il mena avec lui les plus Grands Seigneurs de ses Etats avec la principale Noblesse. On le voit par une décharge qu'il donna au Trésorier de sa Maison le 23 Juin 1425. Le Comte de Porhoet Alain de *ROHAN* IX du nom, fils aîné

du Vicomte de Rohan Alain VIII y eſt nommé
à la tête de cinq Gentilshommes de ſa Vicomté, dont le premier eſt ſon oncle Charles
de *ROHAN*, Seigneur de Guémené - Guingamp, frere puîné d'Alain VIII, & dixieme
ayeul commun de MM. les Princes de Guémené & de Soubize. On compte auſſi entre les
Chambellans ou Chefs de Chambre Meſſire
Jehan de *KERMELLEC*, Meſſire Robert
d'*ESPINAY*, Meſſire Guillaume l'*EVESQUE*,
Jehan de *MUSILLAC*, Guillaume *EDER*, &
entre les Ecuyers Jean de *MALESTROIT*,
Rolland de *LANNYON*, Olivier de *ROHAN*,
II du Nom, Seigneur du Gué-de-l'Iſle, qui,
ſuivant l'Hiſtoire des Grands Officiers de la
Couronne, étoit du troiſieme au quatrieme
degré parent du Vicomte Alain VIII, & de
Charles de Rohan, Seigneur de Guémené-
Guingamp. Enfin outre Pierre du *BOÏSGÉLIN*
& ceux qui ont été nommés avec lui dans l'article de ſon nom, paroiſſent en la même qua-
lité qu'Even le Séneſchal un Jehan le *VOYER*,
un Guillaume de *COETDIC*, un Olivier du
BOISJÉGU, un Pierre *RAGUENEL*, un
Brient de *MONTFORT*, un Etienne du
CAMBOUT, un Olivier de *COETLOGON*, &
entr'eux un Alain de *ROHAN*, vraiſemblable-

ment frere d'Olivier de Rohan, Seigneur du Gué-de-l'Isle.

Even le Séneschal reçut encore deux reconnoiſſances d'Hommage-lige, l'une le 8 Juillet 1424, l'autre le 26 du même mois de l'année 1427. Il paſſa même le 9 Octobre 1429, avec Olivier Sire du *CHASTEL*, un accord qui eſt ſcellé d'un Sceau pareil à celui qu'on a vu plus haut, & mourut dans le cours de la même année, ou dans le commencement de l'année ſuivante.

Il avoit épouſé JEANNE LA *VACHE*, qui par acte du 27 Décembre 1431, eut pour l'aſſiéte de ſon douaire le Manoir & la Terre de Brohais, avec ce qui avoit appartenu à ſon mari dans les Paroiſſes de Nulliac, de Mur & de Cléguérec, à la réſerve des Bois du Manoir & de toute la Juriſdiction de la Terre. De ce mariage étoient ſortis ſept fils & deux filles.

Les premiers furent 1. THÉBAULD ou THIBAULT le Séneſchal qui ſuit. 2. OLIVIER le Séneſchal, à qui Thébaud avoit donné ſon partage dès le 4 Octobre 1413, par acte où il eſt dit que » c'étoit du conſentement d'Even le » Séneſchal, leur pere commun, que l'aîné » conſidérant *la moult grande dilection* qu'avoit » pour lui ſon Juveigneur & les grands ſervi-

» ces qu'il avoit faits tant à lui-même perſon-
» nellement qu'à leur pere Even le Séneſchal
» & à Jouannette du Pont leur ayeule, il le
» prennoit & recepvoit à Homme pour les
» héritages que le même Even lui avoit aul-
» trefois donnés en qualité de fils aîné, en lui
» avançant ſon droict de nature ; qu'il lui oc-
» troyoit d'en jouir comme de ſon propre hé-
» ritage lui & ſes héritiers au tems à venir, à
» la charge ſeulement de tenir ces héritages en
» Juveigneur d'aîné ; & qu'Olivier ayant ac-
» cepté cette condition fit l'hommage comme
» en tel cas appartenoit «. 3. JEAN, & 4.
ALAIN le Séneſchal, dont le partage fut réglé
conjointement aux Plaids généraux de Ploeer-
mel le 15 Novembre 1429, mais *à viage* ſeulement, & comme *Bienfait*, aux termes de
l'Aſſiſe du Comte Geoffroi. 5. ROLAND, & 6.
un ſecond JEAN le Séneſchal qui furent auſſi
partagés enſemble ſur le même pied que les
précédens par un ſeul acte rendu aux Plaids
généraux de Pontivy le 3 Mars 1433. 7. YVON
ou YVES le Séneſchal, ſucceſſivement Moine
& Abbé de Saint Sauveur de Redon au Dio-
cèſe de Vannes, perſonnage qui mérite qu'on
traite de lui ſous un titre particulier.

Pour les deux filles nommées JEANNE &

MARGUERITE le Séneschal, il suffira de dire ici qu'en 1440 le Duc Jean V ayant été informé qu'elles vouloient *vendre leurs biens & se mettre par mariage en plus bas lieu que n'échoyoit à l'honneur du lignage dont elles étoient extraites*, leur fit défense par des Lettres expresses de disposer de rien sans le consentement de Thébaul le Séneschal leur frere aîné. Depuis, elles épouserent, l'une René *FRÉZEAU*, I du Nom, Seigneur de la Frézeliere, de qui descendoit au quatrieme degré le feu Marquis de la Frézeliere François *FRÉZEAU*, Marquis de Mons, Lieutenant Général des Armées & de l'Artillerie de France, l'autre Guillaume, Seigneur de *FROULAY*, sixieme ayeul du feu Maréchal de Tessé.

VIII. DEGRÉ.

YVON ou YVES le Séneschal fut nommé en 1440 à l'Abbaye de Redon, où il étoit auparavant Religieux. La Bretagne avoit encore alors pour Souverain le Duc Jean V. Mais elle ne tarda point à passer sous les loix de son fils François I, (1) qui, au rapport du P. Lobineau, avoit une affection particuliere pour l'Abbaye de Redon, & ne se vit pas plutôt

______
(1) Le Duc Jean V. mourut le 28 Août 1442.

maître

maître de l'autorité Souveraine qu'il fongea à lui donner une marque éclatante de fa bienveillance. Ce fut de la faire ériger en Evêché par le Pape Nicolas V, qui en accordant par fa Bulle donnée à Spolette au mois de Juin 1449, que Redon devint le dixieme Evêché de Bretagne, déclara expreffément qu'Yves le Sénefchal en feroit le premier Evêque, par un honneur bien dû à la capacité qu'il avoit montrée dans le gouvernement de fon Monaftere : *Nec non dictum Yvonem* (porte la Bulle) *qui hactenùs eidem Monafterio laudabiliter præfuit in ipfius novâ erectione Epifcopum præficimus & Paftorem, &c.*

Le Pape faifoit même encore plus. Après une nomination fi honorable pour Yves le Sénefchal, il chargeóit fpécialement l'Evêque de Saint Brieuc de l'ordonner : » Mais (ajoute le » P. Lobineau) quelques Evêques voifins ayant » remontré que cette érection caufoit un pré- » judice notable à leurs Eglifes, par une nou- » velle Bulle datée du 20 Décembre le Pape » défendit à l'Evêque de Saint Brieuc de paffer » outre jufqu'à nouvel ordre ; & le Duc Fran- » çois étant mort l'année fuivante (1), l'Ab-

____

(2) La mort de ce Prince arriva le 17 Juillet 1450.

» baye qui perdit en lui son protecteur, de-
» meura dans son premier état «. Yves le Séneschal y mourut en 1460, & fut enterré dans
l'Eglise en la Chapelle de Bonnes - Nouvelles
où on lui éleva un Tombeau avec divers Monumens pour conserver sa mémoire.

On apprend par un procès - verbal du 19
Octobre 1632, que les Religieux de l'Abbaye
ayant voulu changer de place le Tombeau
d'Yves le Séneschal, un des descendans de son
frere aîné avoit demandé que l'on dressât juridiquement un état de la situation du Monu-
ment ; qu'un Conseiller au Présidial de Rennes
s'étoit transporté à cet effet dans l'Eglise de
Redon, & que là en présence des Religieux &
Officiers de l'Abbaye, il fut constaté » que sur
» la porte d'une Chapelle qui est à main gau-
» che en entrant dans l'Eglise il y avoit un
» Ecusson *de sept Macles* en banniere ; qu'au
» devant du Grand - Autel de la même Cha-
» pelle on voyoit trois grands Ecussons de
» pierre en relief, *à neuf Macles* & en bannie-
» res avec deux Crosses ; que dans la vitre
» étoit peinte la figure d'un Abbé à genoux aux
» pieds d'un Papé, l'Abbé portant une Chape
» sur laquelle se voyoit un Ecusson d'*azur*, *à*
» *neuf Macles d'or* ; qu'à côté de l'Autel étoit le

» Tombeau élevé & porté fur quatre Termes,
» à chacun defquels il y avoit un Ecuffon de *fept*
» *Macles* en banniere ; que fur le Tombeau on
voyoit la figure d'un Abbé avec fa Mitre, fa
» Croffe & une Chape chargée de *Macles* ; &
» qu'autour étoit cette infcription : *Híc jacet*
» *Nobilis vir Dominus Yvo le Séneſchal, Abbas*
» *hujus Monaſterii qui hanc ædificavit Capellam*
» *aliaque multa ædificia ; tandem poſt multa valdè*
» *laudabilia & laude digna moritur tertio Janua-*
» *rii 1460 «.*

V I I I. D E G R É.

THÉBAUD ou THIBAULD le Séneſchal, Seigneur de Kercado, du Bot-Saint-Caradec, de
Brohais, &c. (frere aîné d'Yves le Séneſchal,
& le premier des enfans nés du mariage d'Even
le Séneſchal avec Jeanne la Vache, ainſi qu'on
le voit par les actes du 4 Octobre 1413, 15
Novembre 1429, 27 Décembre 1431, & 3
Mars 1433) eſt celui à la requête de qui furent
faites en 1430 & 1434, les deux Enquêtes dont
on a parlé plus haut. Après que la Terre du Bot
eût été reconnue pour une Juveignerie, un
bien ramager, un partage des Sires Séneſchaux
Féodés de Rohan, ou plutôt pour une partie de
la Terre de la Séneſchallie Féodée, en même-

tems que pour l'ancien Domaine d'Éon le Séneschal, fils puîné de Fraval le Séneschal II du
nom, & bisayeul de Thébaud, les Déposans
ajouterent en faveur de celui-ci ce témoignage
» que lui & ses prédécesseurs étoient avoués
» issus en Juveigneurie des Sires Sénéchaux
» Féodés de Rohan ; qu'Éon le Séneschal avoit
» eu pour fils Alain, Alain Even, & Even Thé-
» baud ; qu'Even le Séneschal avoit eu la Terre
» du Bot avec celle de Kercado par succession
» d'Alain le Séneschal son pere, & que Thé-
» baud la tenoit d'Even en Ramage du Sire de
» Molac (Jean de la Chapelle I du Nom) ;
» qu'elle ne devoit point de rachat, & qu'il
» n'en avoit point été payé en 1372, à la mort
» d'Alain le Séneschal, non plus que pour la
» Séneschallie même, quand des mains de *Mon-*
» *sour* Gui de Molac (VII du Nom) elle avoit
» passé à Jeanne de Molac sa fille) femme du
» Maréchal de Rochefort) ou de celles de
» Jeanne de Molac à son héritier Gui ou Guion
» de la Chapelle, ni enfin quand celui-ci étoit
» décédé ; que la Terre de Brohais étoit aussi
» exempte de rachat, parce qu'Even le Sénes-
» chal en avoit hérité par la mort de Quillot
» de Quesnecan, petit-fils de *Monsour* Fraval
» de *QUESNECAN* (ou *QUÉNÉQUEN*) à

» qui les Seigneurs Vicomtes de Rohan avoient
» donné une exemption de ce droit pour toutes
» les Terres qu'il possédoit dans la Vicomté ;
» que le même Quillot de Quénéquen, que
» l'on nommoit en son temps *Quillot de Brohais*
» à cause de sa Terre, étoit décédé sans hoirs
» de corps, & ne laissant pour lui succéder
» d'autre parent qu'Even le Sénéchal, & ce-
» pendant qu'à sa mort il n'avoit point été payé
» de rachat pour la Terre de Brohais, &c «.
Tel est le contenu des deux importantes Enquêtes de 1430 & 1434.

Sous la date des tems où Thébaud le Sénéchal devoit être dans la force de son âge,
les Rôles Militaires publiés par le P. Lobineau
fournissent plusieurs personnages du nom, indubitablement tous parens quoique sans atta-
che (1), & tous suivant les Armes, alors seule
profession de la Noblesse. De ce nombre se
trouvent entr'autres un JEAN *Sénéchal* ou *le*
Sénéchal, ce qui incontestablement est la même chose (2), un YVON *le Sénéchal*, Un BRIC-

____

(1) Le P. Dom Morice les croit même tous des
cadets ; & véritablement ils ne pouvoient descendre
que d'Éon le Sénéchal, les aînés de celui-ci n'ayant
point laissé de postérité masculine.

(2) Ce qui prouve que *Sénéchal* & *le Sénéchal* sont

ZOT *le Séneschal* & un GUILLAUME *le Seneschal*
rappellés dans un compte du Tréforier de l'E-
pargne du Duc, favoir, le premier fous la date
du 23 Août 1419, entre les Gentilshommes
de la Maifon de *Monfeigneur Richard de Bretai-*
gne, Comte d'Eftampes, fecond frere puîné
du Duc Jean V. le fecond fous la même date
parmi les Gens de la Retenue du Maréchal de
Bretagne Bertran de *DINAN* : le troifiéme
fous le 22 Octobre, comme un de ceux qui
étoient deftinés à accompagner Richard dans
un voyage à la Cour de France, & le quatriéme fous ce titre : *Suivent les noms des Cheva-*
liers & Efcuyers que le Duc retint pour chevau-
chier avec lui & garder fa perfonne, le premier
moys commençant le 6 Octobre 1419.... Bertrand
de DINAN, Maréchal de Bretaigne, Jacques
de DINAN..... Meffire Guillaume l'EVESQUE,
Bertrand de MONTBOURCHER..... Jehan de
BOTEREL de Cicé, Jehan de la FEILLÉE,
Jacob du FOU..... Jehan le VOYER de Mor-
zelles..... GUILLAUME le Seneschal..... Jehan
d'ESPINAY, &c.

---

la même chofe, c'eft qu'Yves le Sénefchal, Abbé de
Redon, eft quelquefois nommé *Yves Seneschal.* Les per-
fonnes étrangeres à la Famille qui écrivoient, pouvoient
n'être pas toujours exactes à mettre l'article.

Ainsi dans un autre compte du Tréforier &
Receveur général de Bretagne voit-on encore
paroître trois fois le nom de JEHAN *Sénefchal*,
la premiere, comme on l'a vu plus haut, entre
ceux des Gentilshommes de Richard, parmi
lefquels fe trouve auffi un Jehan de *BEAU-
MANOIR* : les deux autres parmi les noms
des Chevaliers & Ecuyers de la Maifon du
Duc fous les mois d'Août & de Septembre,
de même que fous le mois de Novembre on
trouve un Olivier de *ROHAN*; & il revient
de nouveau avec ceux de Roland de *SÉVE-
RAC*, de Bonabes de *HENLÉE*, d'Olivier de
PONTBRIEND, de Jehan de *BEAUMA-
NOIR*, dans le Rôle d'une Revue de Richard
de Bretagne, qualifié *Banneret*, de deux autres
Chevaliers Bannerets, d'un Chevalier Bachelier & de foixante-fix Ecuyers de fon Hôtel,
faite à Montoire le 28 Août 1421.

Dans le teftament du même Richard de
Bretagne Comte d'Eftampes, en date du 11
Février 1425. un JEHAN *le Senefchal* eft nommé
entre ceux que ce Prince chargeoit de l'exé-
cution de fes dernieres volontés, tant avec fes
deux freres le Duc Jean V. & Artur Comte
de Richemont pour lors Connétable de France, qu'avec Marguerite *d'ORLÉANS* fa fem-

D iv

me, qui est appellée simplement *Madame d'Es-tampes sa Compaigne*, ses Chambellans & autres. Un compte d'Aufroy *GUYNOT*, Trésorier & Receveur Général, rendu pour l'année 1430 ou environ, fait mention d'un JEHAN *le Séneschal Connétable de Fougéres*, & par cet Office chargé d'un emploi qui alors étoit regardé comme un des plus importans emplois qu'il y eut dans la guerre ; c'étoit la garde des Portes de la Ville dont le Capitaine ou Gouverneur étoit *Monseigneur de Chateauneuf*. Enfin dans les divers actes de Serment de Féauté que le Duc se fit prêter par tous les Nobles en 1437, sur la découverte d'une conspiration tramée contre sa vie & sa liberté, ainsi que contre celle de ses enfans & de ses freres, on trouve un PIRON *le Séneschal* parmi les Chevaliers & Ecuyers de l'Evêché de Tréguier, sans compter plusieurs personnages qui ne sont nommés qu'au rang où ils signérent, & conséquemment par la Lettre initiale de leur nom, comme un *P. Seneschal* du Diocèse de Rennes, un H.... & un J.... *le Séneschal*, du ressort de la Chatellenie de Montcontour en l'Evêché de S. Brieuc.

Le seul Thébaud le Séneschal ne paroît qu'une fois. C'est comme on a dit à l'article

du Boisgeslin, dans le Rôle des Seigneurs
Chevaliers, Ecuyers, Capitaines de Gens-d'Armes que le Duc mena avec lui en France dans
son voyage de 1418, (& encore ne l'y voit-
on que sous la Banniére du Comte de Porhoet
Alain de *ROHAN* IX. sous qui marchoit aussi
comme au voyage de 1423, son oncle Charles de Rohan, Seigneur de Guémené-Guingamp.) Cependant on ne peut douter qu'il
n'ait fait un autre Service dans les Armées de
ses Souverains, & même qu'il n'y ait eu des
emplois des plus considérables, puisqu'il par-
vint à l'honneur de la Chevalerie. On a la
preuve de ce fait dans une Ordonnance que
le Duc François I fit expédier en sa faveur
le 12 Octobre 1447. Le Prince s'y exprimoit
ainsi : » Mandons à nos Amés & Féaux Con-
» seillers les Gens tenans nos générales Assi-
» gnations, de délivrer la somme de *six cens*
» *écus* à Nostre Féal Chevalier Thé-
» baud le Séneschal, Seigneur de Ker-
» cado, en récompense des Troupes & Gens
» de Guerre que ledict Chevalier a conduits
» pour Nostre service dans la Normandie (1),

(1) Il avoit été apparemment du nombre des Bretons
auxiliaires, qui au rapport de Jean Chartier & du Pere

» & de la valeur qu'il a tefmoignée en beau-
» coup de bonnes & notables occafions &c. «
Cette Ordonnance fignée par le Duc en fon
Confeil, préfens les Evêques de Dol & de
S. Brieuc, le Sire de *MONTAUBAN* (Maréchal de Bretagne) Yvon de *ROCERF*,
Henri de la *VILLEBLANCHE*, Thébaud de
la *CLARTIÉRE*, les Maîtres des Requêtes &
autres....

Thébaud le Sénechal avoit auffi fait long-
tems avant toutes ces époques une alliance
qui ne pouvoit qu'être agréable au Duc & à
toute la Maifon. C'étoit en époufant JEANNE
DU *FOU*, fille de Jean du *FOU*, Seigneur de
Noyant, de Pilmil, de Courcelles & de la
Pleffe-Chamaillart dans le Maine, du Preil-
Robert en Anjou, de Landevan & de la Roche-
Guéhennec en Bretagne, &c. & de Mahaut de
MONTFORT. En effet, fans compter que le

Lobineau page 623, fe trouverent à Dieppe fous la
Banniere du Brave Tudgual de *KERMOISAN*, au
mois d'Août 1443, quand Louis XI, pour lors Dauphin, emporta d'affaut le Fort que les Anglois avoient
conftruit devant cette Ville en la bloquant. Le Duc
fit auffi la guerre en fon propre nom aux Anglois en
Normandie; mais cette expédition ne fe date que de
l'année 1449, fuivant le P. Lobineau.

nom du Fou étoit un des plus grands noms de la Province (1), que Jeanne du Fou étoit parente de son mari, & qu'elle avoit même été remise avec Guillaume du *FOU* son frere, sous la tutelle & garde d'Even le Séneschal qui, en qualité de Tuteur obtint aux généraux Plaids de Ploermel, le 4 Mars 1403, une Ordonnance de Provision où on lit » qu'elle étoit accor-

---

(1) Le pere de Jeanne du Fou étoit cadet de la Maison du Fou au Diocèse de Quimper, dont le nom se trouve dans l'Histoire de Bretagne dès les plus anciens tems. Outre sa branche il y en avoit deux qui fondirent l'une dans la Maison de *QUELLENEC*; l'autre dans celle de Rohan par le mariage que Louis de *ROHAN-GUÉMENÉ*, II du Nom, Seigneur de Guémené, de Montbazon, &c. (arriere-petit-fils de Charles de *ROHAN*, Sire de Guémené-Guingamp, & par conséquent septieme ayeul des Princes de Guémené & de Soubize), contracta avec Renée du *FOU*, fille unique & héritiere de Jean du *FOU*, Seigneur de Rostrenan, Gouverneur & Bailli de Touraine, Grand Echanson de France sous le Roi Charles VIII, & frere d'Yves du *FOU*, l'un des Favoris du Roi Louis XI, qui l'avoit fait Grand Veneur de France en 1472. Pour celle de Jean du Fou, Seigneur de Pilmil, elle subsistoit encore au tems de la Réformation de 1669, continuée par divers cadets, qui le 11 Mai furent déclarés Nobles d'ancienne extraction au rapport du Sieur le *JACOBIN*.

» dée aux pupilles comme à des enfans *de*
» *Noble lignage & de grand état dont la richeffe*
» *fe montoit à fix cens livres de rente, tant dans*
» *le Duchié de Bretaigne que dehors* : il fuffit de
dire d'après un titre original du *Mardi après*
la Conception Notre-Dame de l'an 1392, que
Mahaut de Montfort mere de Jeanne du Fou,
étoit fille d'un Gui de *MONTFORT*, qui eft
rappellé dans l'acte avec *Monfour Jehan de*
Montfort fon frere, & que Dom Morice juge
être un puîné de Raoul de *MONTFORT*, VII
du Nom, Sire de Montfort, de Gael, de Lo-
héac, de la Roche-Bernard, &c. Elle devoit
être conféquemment au troifiéme degré de
confanguinité avec Jean de *MONTFORT*,
Seigneur de Kergorlai, qui ayant époufé le
22 Janvier 1404 Anne de *LAVAL-MONT-*
MORENCI, fille unique & héritiere du Seigneur de Laval Gui XI du Nom, fuccéda en
1412 à toutes les Terres de la Maifon de Laval, & conformément aux claufes du traité
de mariage prit le nom de *Gui de Laval*, comme le quatriéme ayeul de fon beau-pere l'a-
voit pris vers l'an 1231 ou 1232, quand Emme
de *LAVAL* fa mere lui céda le titre & la jouiffance de la Terre de Laval.

Thébaud le Sénefchal & Jeanne du Fou fa

femme paroiſſent enſemble avec Guillaume du
Fou leur frere & beau - frere reſpectif, l'an
1414, dans un acte par lequel ils convinrent,
» que comme en qualité de fils aîné de gens
» Nobles, Guillaume du Fou devoit avoir les
» deux tiers des biens qui avoient appartenu
» à Jean du Fou, tant au Maine qu'en Anjou
» & en Bretagne, il prendroit pour lui la Châ-
» tellenie de Pilmil avec la Terre de Noyant,
» ſur-Sartre, &c. & que Thébaud le Séneſ-
» chal auroit la Châtelenie de Courcelles avec
» la Terre de la Pleſſe-Chamaillart. » Les 18
Janvier 1454 & 19 Novembre 1455, il reçut
à cauſe de la même Jeanne du Fou *ſa Compaigne*, deux actes d'Hommage-lige où il eſt qualifié *Nobles Homs*, ſuivant le langage du Païs;
Et il paroît qu'ils ne vécurent pas long-tems
l'un & l'autre après ces époques.

Ils avoient eu de leur commune alliance
1. GUILLAUME le Séneſchal qui ſuit. 2 YSA-
BEAU le Séneſchal de Kercado, femme d'Alain
de la *ROCHE*, Seigneur de S. Glen, avec qui
Thébaud le Séneſchal, Jeanne du Fou & Guillaume le Sénéchal leur fils aîné & préſomptif
héritier, tranſigerent le 13 Décembre 1447,
ſur ce qu'on lui avoit promis en mariage.
(C'étoient quatre cens écus d'or, quatre marcs

d'argent & soixante livres de rente, mariage alors très-considérable.) 3. MARIE le Seneschal de Kercado qui demanda son partage aux généraux Plaids de Noyal le 18 Juillet 1463, étant mariée avec Bonnabes de *BAUD*. 4. GUILLEMETTE le Séneschal de Kercado alliée à Jean *COTTE*, Seigneur du Plessis de Cotte.

IX. DEGRÉ.

GUILLAUME le Séneschal de Kercado, I. du Nom, Seigneur de Kercado, du Bot S. Caradec, de Brohais, &c. ne paroît point dans l'Histoire de son tems, mais sans doute uniquement par le défaut des Rôles qui ne se font pas tous conservés en entier. Et en effet, il n'est pas vraisemblable qu'étant chef d'une Maison unie par les liens du sang à tout ce que la Province avoit alors de plus grands Hommes, il ait eu pour le métier de la Noblesse moins d'inclination que ses prédécesseurs ou même que ceux de son nom qui étoient ses contemporains. Or parmi ceux-ci l'on compte 1°. un EONNET *le Seneschal*, Ecuyer du Duc Artur II, qu'il suivit dans son voyage de France en 1457, en la même qualité & aux mêmes gages qu'un Jean de *MUSILLAC*, qu'un Guillaume de la *CHASTAIGNERAIE*, qu'un Jean de *COETMEN*, qu'un Olivier du *CHASTEL*, qu'un Raoul de *ROSMADEC*, tous rappellés dans un compte du 1. Octobre 1457, au 1. Avril suivant. 2°. Un EVEN *le Sénefchal* nommé dans le même Rôle avec Jean de *ROHAN*, Meffire Olivier de *QUÉLEN*, Meffire Olivier *GIFFART*, Guillaume du *BREIL-PONT-BRIAND*, entre les Chevaliers & Ecuyers, qui devoient fervir par quartier. 3°. un GUION *le Sénefchal*, *Sieur de Coetlen*, qui, aux Etats ouverts à Vannes le 10 Juin 1462 par le Duc François II, comparut pour le Sire de *l'ESTOULQUARN*, Sergent Féodé à la Barre de Morlaix, fuivant un Regiftre de ces Etats rapportés par d'Argentré & par Dom Lobineau (1). Comme l'Office de Sergent Féodé ne pouvoit être poffédé que par des Gentilshommes, il n'y en avoit aucuns qui le méprifaffent quels qu'ils fuffent. On fait qu'à l'ouverture des Etats, quand le Duc & fes Grands Officiers avoient pris leurs places, les Sergens Féodés étoient appellés même avant les Prélats, les Barons, les Abbés & les Bannerets. Et pour juger encore mieux de l'eftime où ils devoient être, il fuffit de jetter les yeux fur le Regiftre où

____

(1) D'Argentré, Hift. de Bretagne, Liv. XIII, page 853; & Lobineau, Tome II, colomn. 1230.

l'on trouve , Richard Seigneur d'*ESPINAY* , Sergent Féodé à la Barre de Rennes..... le Sire de *COMBOUR* , tenant la Terre de Jean de *BEAULIEU* Sergent Féodé à Nantes..... Jean de *MALESTROIT* , Sieur de Kaer , Chevalier , Sergent Féodé à Vannes. On voit de même sous le Titre de Dinan Jean du *PONT-BRIAND* , & Messire Briand de *BEAUMA-NOIR* ; sous celui de Jugon Pierre du *PARC* ; sous Montcontour , le Sire de *QUINTIN* , le Sire de Matignon (*GOYON*) ; sous Fougéres Jean de *PARTENAI* ; sous Treguier le Sire de la Hunaudaie (*TOURNEMINE*) , & sous Quimpercorentin le Sire de *ROSMADEC* , Conan du *VIEUX-CHASTEL* & quelques autres.

Dans un compte du Trésorier des Guerres de l'an 1465 , sous le Titre des Gentilshommes qui avoient vacqué à la Garde de la Guerche jusqu'au 1. Janvier 1464 , (vieux style) se trouve un RAOULLET *le Séneschal* , compagnon d'un Lancelot d'*ACIGNÉ* , comme sous celui d'*Hommes d'armes à la grande paye* , on voit GUYON *le Séneschal* avec un PIERRE *le Seneschal* , un JEHAN *le Séneschal* , & un SILVESTRE *le Séneschal* , tous accompagnés de leurs Archers , & compagnons d'un Guillaume de *ROSTRENEN* ,

ROSTRENEN, d'un Charles de *COETMEN*, d'un Jean de *ROSNIVINEN*. Un JEAN *le Séneſchal* y eſt auſſi nommé parmi les *Archiers à la grand'-paye*, avec un Simon *BOTEREL*, un Guillaume *GOYON*, un Raoul le *VOYER* &c. Et comme le même compte renferme encore un Rôle de Revue faite à S. Aubin du Cormier, entre les Hommes d'Armes du Sire de Leſcun paroît GILLES *le Séneſchal*, après quatre perſonnages du nom de *ROSNIVINEN*, & avant un Jehan de *MONTBOURCHER*. Enfin de deux Montres des Gens de l'Ordonnance du Duc, faites devant les Commiſſaires qu'il avoit nommés à cet effet les 15 & 28 Juillet 1474, la premiere qui eſt intitulée, *Revue de la Compagnie de M. de la Roche*, fournit le nom de JEHAN *le Séneſchal*. A la ſeconde comparurent GUION *Séneſchal* & un JACOB *le Séneſchal* qui reparoît le 4 Décembre 1481, avec un OLIVIER *le Séneſchal*, Guillaume du *BOISGELIN*, & un YVON *le Séneſchal* dans le compte de la Tréſorerie des Guerres mentionné ci-deſſus à l'article de BOISGELIN (1). Tous ceux du nom de le Séneſchal

____

(1) Suivant un extrait de la derniere Réformation de Bretagne, Jacob le Séneſchal étoit Seigneur de Leze-

qui vivoient du tems de Guillaume, se signa=
loient donc ainsi comme à l'envi; Et dès qu'on
est fondé à croire qu'ils étoient tous de même
sang, on peut dire que, quand même Guillaume
n'auroit pas payé de sa propre personne, tant
de Services acquitoient bien la Maison entiere
des devoirs que sa qualité lui imposoit (1).

---

razien, & ayant épousé Catherine *RIOU*, eut de ce
mariage Yves le Séneschal, ayeul de deux fils, savoir
1 Tannegui le Séneschal, qui ne laissa qu'une fille
Dame de Lezerazien, mariée avec Paul *PINART*,
Sieur du Val, & 2 Yves le Séneschal, Seigneur de
Roziliez dont la postérité subsistoit lors de la Réformation ès personnes de René le Séneschal, Seigneur de
Roziliez, & de Gabriel le Séneschal ses arriere-
petits-fils.

(1) On parle toujours conformément au principe du
P. Dom Morice; c'est que tous les personnages dont les
noms se rencontrent dans les Rôles de Revues & autres,
étoient tous des cadets de la Maison. Cependant on
trouve que René & Gabriel le Séneschal, qui au tems
de la Réformation furent reconnus pour Nobles d'extraction par Arrêt du 11 Juillet 1669, avoient déclaré porter
pour Armes : *De sable, à cinq Fusées d'argent posées en
bande & accostées de six Besans de même, trois de chaque
côté.* On sait que la différence des Armes ne fait pas
une preuve de la diversité des Familles. Néanmoins pour
prononcer ici sur l'identité du sang, il faudroit de bonnes
preuves.

Guillaume le Séneschal fut marié deux fois. En premieres noces il épousa par contrat passé sous le Scel de la Cour de Pontivy le 18 Janvier 1444, SIBILLE LE *VEYER*, fille puînée de *Noble Homme Monsieur* Guillaume le *VEYER*, Seigneur de Tréfalguen, de Coetmenech, Chevalier, & d'Ysabeau de *COETMENECH*. Sibille le Veyer avoit pour sœur aînée Jeanne le *VEYER*, mariée avec Jean Seigneur de la *FEILLÉE*. Cependant elle ne laissoit pas d'être un parti considérable : car, outre que le *Vendredi après la fête de S. Michel* de l'an 1442, Guillaume le Veyer son pere avoit fait un testament contenant plusieurs dispositions avantageuses en sa faveur *pour lui donner lieu de se bien marier*, & que par un autre acte exprès en date du 8 Février de la même année (vieux style), il avoit déclaré se démettre entre ses mains de son Manoir de Coetmenech, la femme de Tannegui du *CHASTEL*, Chambellan du Roi Charles VIII, Grand Maître de France, Prevôt de Paris (1), qui

______

(1) C'étoit l'oncle de Tannegui du *CHASTEL*, Grand Ecuyer de France, si fameux par son attachement pour le Roi Charles VII, dont il fit faire les funérailles à ses propres dépens.

se nommoit comme elle Sibille le *VEYER* (1), & dont elle étoit niece & filleule, testant le *Mardi avant la fête de la Cheze - Saint Pierre* (c'est-à-dire, avant le 18 Janvier) 1443, lui avoit fait don du tiers de ses héritages, & d'une grande quantité de meubles précieux, comme une *chaîne d'or*, toutes ses bagues & aiguilles de tête, soit d'or, soit d'argent, toutes ses pierres précieuses, diamans & Joyaux, &c.

Cette première femme étant morte sans laisser d'enfans, Guillaume le Séneschal prit une seconde alliance le 12 Octobre 1463, avec YOLAND DE *ROHAN*-DU *GUÉ*-DE *L'ISLE*, sœur puînée de Jean de *ROHAN*, Seigneur du Gué-de l'Isle, de la Chasteigneraie, &c. & comme lui sortie du mariage qu'Olivier de *ROHAN*, Seigneur des mêmes Terres, & second du Nom dans sa branche, avoit con-

____

(1) Elle est nommée en quelque endroit *Sibylle le Voyer*, mais à tort. Il y avoit anciennement en Bretagne trois différentes Maisons des noms de le *Voyer*, le *Veyer*, & le *Vayer*, qui étoient toutes trois également bonnes ; & quelquefois il pouvoit arriver par le vice de la prononciation qu'on les confondît dans le discours, mais ici l'ortographe des Titres ne laisse point de lieu à l'équivoque.

tracté en 1322 avec Marie de *ROSTRENAN*. On a dit plus haut (& c'est une vérité qui n'a jamais été contestée) que les Seigneurs du Gué-de l'Isle étoient cadets de la Maison de Rohan (1). Olivier de Rohan étoit petit-fils d'Éon de Rohan , frere puîné du Vicomte Olivier , II du Nom , qui lui donna son partage le Mercredi avant la Toussaint de l'an 1311.

De cette alliance en faveur de laquelle Jean de Rohan promit de donner à sa sœur « avant » les Epousailles *deux cens écus d'or*, & qua- » rante livres de rente, non compris l'obéis- » sance dans les Paroisses de Plouars, Chastel- » Audren, Lanvollan, &c ». il sortit plusieurs enfans, dont l'aîné est seul connu comme hé- ritier principal & Noble de ses pere & mere nommés ensemble dans plusieurs actes depuis leur mariage, & notamment dans une Tran- saction qu'Yoland de Rohan fit le 11 Janvier 1493, avec son neveu François de *ROHAN*, Seigneur du Gué-de l'Isle, au sujet des succes-

---

(1) Ce sont ceux de la Maison qui portoient l'Ecu brisé d'une *Cotice*, tel qu'il avoit été vraisemblablement accordé dans les premiers tems aux Sénéchaux Féodés pour qu'ils fussent distingués des Vicomtes.

fions d'Olivier de Rohan, & de Marie de Rof-
trenan. Ce fils aîné, héritier principal & Noble
fut

X. DEGRÉ.

JEAN le *Sénefchal-de Kercado*, Seigneur de
Kercado, du Bot-S. Caradec, de Brohais, &c.
pour contemporains de qui l'on trouve dans
les Rôles rapportés par le P. Dom Lobineau,
non feulement Guyon, Jacob & Yvon ou Yves
le Sénefchal, mais de plus, 1°. un JEAN *le Sé-*
nefchal qualifié *Sieur du Val* dans un Mandement que le Duc François II donna au mois
d'Août 1487, pour faire faifir fes biens avec
ceux de plufieurs autres Gentilshommes de
nom, parce qu'ils n'avoient point obéi à l'ordre
de le venir fervir en fon Armée ; 2°. un autre
JEHAN *le Sénefchal* nommé entre les premiers
Guerriers de la Compagnie du Sire de la Feillée que reçut à Rennes le pénultieme jour de
Septembre de la même année 1487, fon Lieutenant *Nobles Homs* Meffire Giles de *COET-*
LOGON, Seigneur de la Godinaye ; 3°. enfin
OLIVIER *le Sénefchal* qu'un compte du Tréforier Général, commencé au 14 Avril 1488, &
finiffant au mois de Décembre 1491, tems du
mariage de la Ducheffe Anne avec le Roi
Charles VIII, met au rang des Penfionnaires de

la Province, immédiatement après un Jean de *MALESTROIT,* Jacques de *BEAUMANOIR,* Sieur du Bois-de la Motte, Jean du *PARC,* Sieur de Locmaria, Meſſire Amauri de la *MOUS-SAIE,* & un R EGNÉ *Séneſchal.*

Il paroît qu'à la mort de Guillaume le Sé-neſchal, Jean le Séneſchal ſon fils avoit été remis ſous la garde Noble d'Yoland de Rohan ſa mere, qui eſt nommée pour lui en cette qualité dans une Sentence rendue aux Plaids généraux de Pontivy le 11 Octobre 1473. Au mois de Février 1477, elle obtint ſous le même Titre en la Chancellerie de Bretagne une ſauve-garde où la mere & le fils ſont également compris. Et le 18 Juillet de l'année ſuivante les Gens des Comptes du Duc qui avoient alors leur Séance à Vannes, lui donnerent un acte par lequel ils reconnurent « qu'à la Réforma-» tion faite dans la Paroiſſe de Noyal au mois » de Mai 1427, les Metayers & Métaieries » d'Even le Séneſchal (biſayeul de Jean le Sé-» néchal) avoient été déclarées *n'étre ſubjects* » *ne à la charge de la Paroiſſe ne des Paroiſſiens* » *d'icelle, ains extraits & mis hors, eſtant eſcripts* » *dans le Rang & Aſſiepte des Métayers & Mé-* » *tairies Nobles* ». Il avoit eu auſſi d'abord pour curateur Yvon du *FOU,* Seigneur de Pilmil, qui comparut fous cette qualité le 13 Décembre 1474, en la Jurifdiction de Pontivy, contre Yoland de Rohan même, dans une action intentée au fujet de la demande de fon douaire; mais dans la fuite il paffa fous la direction de fon oncle maternel Jean de Rohan, Seigneur du Gué-de l'Ifle, qui fe qualifie lui-même expreffément fon curateur dans deux actes des 28 Décembre 1481 & 19 Août 1483.

Parvenu à l'âge de difpofer de fa main, il la donna à SIMONNE D'*AVAUGOUR*, fœur de Guillaume d'*AVAUGOUR*, Seigneur de Saint-Léan, qui avoit, comme elle, pour pere Louis d'*AVAUGOUR*, Seigneur de Kergrois & de Vai, nommé avec eux dans un titre du 5 Octobre 1495. C'étoit pour Jean le Sénefchal une alliance qui ne le cédoit à aucunes de celles que fes peres avoient faites. En effet quoique Louis d'Avaugour ne fût ni celui qui avoit époufé ANNE DE *MALESTROIT* comme quelques-uns le croient à tort (1), ni même

____

(1) Louis d'Avaugour marié avec Anne de Maleftroit étoit fils de JUHAEL d'Avaugour mort vers l'an 1300, fuivant une Généalogie communiquée par Dom Morice, où l'on ajoute qu'il fut armé Chevalier par le Roi Philippe *le Long* en 1321. D'un autre côté le pere de Simonne d'Avaugour, femme de Jean le Sénefchal,

du nom d'Avaugour déja prefqu'entiérement éteint (1), mais feulement un Gentilhomme

---

vivoit encore en 1495, & même en 1497. Il eſt donc impoſſible que ce ſoit le même homme, & l'on n'en trouve point d'autre qui eût pris femme dans la Maiſon de Maleſtroit.

(1) On lit dans la Généalogie dont on vient de parler que « Juhael d'Avaugour, pere de Louis, & » lui-même ſecond fils de HENRI, Comte de Pen- » thiévre, Sire d'Avaugour, I du Nom, avoit eu pour » frere ainé ALAIN, Sire d'Avaugour, de Goello, de » l'Aigle, de Mayenne, Vicomte de Dinan, marié, » 1°. avec Clémence de *DINAN*, & 2°. avec Marie » de-*BEAUMONT*, fille du Seigneur de Beaumont- » ſur-Oyſe; qu'il ne laiſſa de ce ſecond lit que deux » filles, mais qu'il avoit eu du premier HENRI ou » HENRIOT, II du Nom, Sire d'Avaugour, de Goello, » de Mayenne, de l'Aigle, de Châtel-Audren, &c. » Que ce HENRI ou HENRIOT épouſa Marie de » *BRIENNE*, dite *de Beaumont*, & en eut divers » enfans dont l'aîné fut HENRI d'Avaugour, IV du » Nom, Sire d'Avaugour, pere de JEANNE d'Avau- » gour, Dame d'Avaugour, de Mayenne & de Goello, » alliée en 1318 à Gui de *BRETAGNE*, Comte de » Penthiévre, ſecond fils du Duc Artur II. Qu'un des » puînés fut GUILLAUME d'Avaugour, Seigneur du » Parc, qui prit le nom de cette Terre; que ſon petit-fils » JUHEL d'Avaugour, Seigneur du Parc, eut auſſi en- » tr'autres enfans, trois fils, ſavoir: 1 JEAN d'Avaugour,

de la Maison de *BELLOUAN*, dont le bisayeul
appellé Jean de *BELLOUAN*, Seigneur de

» Sire du Parc, de la Tour-d'Emont, &c. pere de trois
» filles & d'un fils qui fut Comte de Lyon & Prêtre;
» 2 CUILLAUME d'Avaugour, Seigneur de la Roche-
» Mabile, & 3 LOUIS d'Avaugour, Seigneur de Cour-
» talain, qui formerent chacun une nouvelle branche;
» mais que de ces deux branches qui se distinguoient
» par les noms de la Roche-Mabile & de Courtalain,
» la premiere ne passa point la quatrieme génération,
» GUION d'Avaugour, arriere-petit-fils de Guillaume,
» n'ayant laissé qu'une fille qui épousa en 1530 Jacques
» *CLÉRAMBAULT*, Seigneur de la Plesse, Vicomte
» de Mont-Revau (frere aîné de Jacques de *CLÉ-*
» *RAMBAULT*, bisayeul du Maréchal de ce nom);
» & que la seconde périt également au même dégré,
» parce que JEAN d'Avaugour, Comte de Château-
» villain, Seigneur de Courtalain comme Louis d'A-
» vaugour son bisayeul, ne laissa point de posterité
» de son mariage avec Antoinette de la *TOUR*, mais
» seulement quatre sœurs, dont l'aînée avoit épousé
» Pierre de *MONTMORENCI*, Baron de Fosseux,
» Marquis de Thury, qui devint ainsi Comte de Châ-
» teauvillain, Seigneur Châtelain de Courtalain. » (Ils
furent les trisayeux de Léon de *MONTMORENCI*,
Marquis de Fosseux, Brigadier des Armées du Roi, &c.
marié en 1697 avec Marie - Magdelaine - Jeanne de
POUSSEMOTHE-DE-L'ÉTOILE.)

Henri Comte de Penthiévre, II du Nom, avoit eu
aussi un frere, né ainsi que lui du mariage d'ALAIN,

Vai, avoit époufé Blanche d'*AVAUGOUR*, petite-fille de Louis & d'Anne de Maleftroit, & en contractant ce mariage, s'étoit engagé de prendre le Nom & les Armes de fa femme : il n'eft pas moins vrai de dire qu'il avoit en Bretagne peu d'égaux pour la naiffance, re-préfentant les anciens Seigneur d'Avaugour fortis d'Eudon, Comte de Tréguier, cadet de Bretagne (1), & fe trouvant lié par - là non

---

Comte de Penthiévre, avec Perronnelle de Beaumont. Ce fut GEOFFROI, furnommé *Botherel*, Sire de Quintin, dont le furnom ou fobriquet joint au nom de fa Terre, fit dans la fuite celui de fes defcendans ; mais cette branche fut éteinte dans le même-tems que celle de Kergrois, fuivant la Table Généalogique où l'on voit » que GEOFFROI *BOTHEREL*, Sire de Quintin, » cinquiéme & dernier de fa branche, mourut fans » enfans, quoiqu'il eût été marié deux fois, & notam-» ment la feconde avec JEANNE d'Avaugour, fœur » aînée de Blanche, & qu'ainfi il ne refta pour lui » fuccéder qu'une fœur qui étoit mariée avec Alain du » *PÉRIER*, Seigneur du Périer & du Pleffis-Baliczon, » Maréchal de Bretagne. » On obfervera cependant que le nom de *BOTEREL* fe retrouve poftérieurement dans l'Hiftoire de Bretagne ; & il y a même encore dans la Province des Familles qui en peuvent juftifier une poffeffion de trois à quatre fiècles, mais fans jonction avec les Sires de Quintin.

(1) On fait par l'Hiftoire « que le Comte Eudon

seulement à toute la Province, & même au

» (qui étoit frere puîné du Comte ou Duc de Bre-
» tagne Alain III, surnommé *le Rebru*, & à la mort
» de ce frere prit le titre de Comte de Bretagne, en
» usurpant la Province sur son neveu Conan II, âgé
» seulement de trois mois), épousa une des filles du
» Comté de Cornouailles Alain *Cagnart*, & en eut six
» fils, dont plusieurs se distinguérent à la Conquête de
» l'Angleterre sous les Drapeaux de Guillaume *le Con-*
» *quérant*, leur cousin issu de germain ; que les quatre
» premiers de ces six fils étant morts sans postérité, le
» cinquieme qui se nommoit ETIENNE succéda au Comté
» de Penthiévre, & eut trois fils : 1 GEOFFROI II,
» surnommé *Boterel*, qui en 1125 força son pere à lui
» céder tout le Penthiévre, c'est-à-dire les Comté &
» Baronies de Penthiévre, de Goello, d'Avaugour, de
» Lamballe & autres réunies sous le titre de *Dommonée*;
» 2 Alain *le Noir*, Comte de Richemont qui devint
» Souverain de Bretagne par son mariage avec la Com-
» tesse BERTHE, & fut pere de Conan IV, ayeul de
» CONSTANCE & bisayeul d'ALIX, mariée en 1213
» avec Pierre *Mauclerc* ; 3 Henri Comte de Treguier,
» dont le fils ALAIN I rentra dans la possession du
» Comté de Penthiévre par la donation que lui en fit
» Geoffroi *Boterel*, III du Nom, petit-fils de son oncle,
» se voyant sans postérité ; enfin qu'Alain I fut pere
» de Henri II, à qui Pierre *Mauclerc* ôta les Terres
» de Penthiévre, de Tréguier, de S. Brieu, de Lam-
» balle, &c. »

fang des Ducs (1), mais à toute l'Europe (2).

Jean le Sénefchal ne jouit pas long-tems de la douceur de fon mariage, à ce qu'on voit par une Sentence rendue aux généraux Plaids de Pontivy le 19 Septembre 1497, au fujet de la tutele de deux fils qu'il laiffoit. Pour Simonne d'Avaugour, outre que par cet acte elle fut créé tutrice de fes enfans fous l'autorité de fon pere *Nobles Homs* Louis d'Avaugour, on fait qu'elle furvécut beaucoup à fon

---

(1) Louis de Bellouan-d'Avaugour étoit du douziéme au quinziéme degré de confanguinité avec le dernier Duc de Bretagne François II, qui comptoit le Comte Geoffroi I pour fon quatorziéme ayeul, comme Louis de Belouan le comptoit pour onziéme ; & le mariage de Jeanne d'Avaugour avec Gui de Bretagne, frere du Duc Jean de Montfort, bifayeul de François II, avoit été un nouveau titre d'Alliance, puifque Jeanne d'Avaugour & Blanche d'Avaugour étoient également au quatrieme degré.

(2) Jeanne de Bretagne, fille de Gui, & femme de Charles de *CHATILLON* DE *BLOIS*, Seigneur de Gui, lui donnoit feule toutes ces alliances. C'eft elle qui après avoir été déclarée Ducheffe par les Pairs de France à Conflans le 7 Septembre 1341 fut obligée de fe défifter de fes droits ou prétentions, en fe foumettant au Traité conclu à Guérande le 12 Avril 1365. Les derniers Comtes de Penthiévre étoient fes enfans & fes petits-enfans.

mari. Elle prit même une feconde alliance avec René du *BOIS-BOISSEL* (ou felon l'ortographe ancienne du *BOIS - BOUEXEL*), Seigneur de Lauber & de Kergaraud, dont elle n'eut point d'enfans ; Et ce ne fut que le 10 Octobre 1531, qu'elle fit un teftament par lequel elle déclara « qu'elle vouloit eftre enter- » rée au Couvent de Monfieur Saint François » à Pontivy dans la Chapelle de Kercado & » dans l'Enfeu (ou Caveau) d'Yolante de Ro- » han, en fon tems Dame de Kercado & de » Brohais, &c. ».

Les deux fils reftés de fon mariage avec Jean le Sénefchal, étoient JEAN & GUILLAUME le Sénefchal-de Kercado.

JEAN le Sénefchal reconnu pour héritier principal & Noble de fon pere, & par l'acte du 5 Octobre 1495, & par une déclaration que fa mere fit le 22 Mai 1506, de plufieurs biens, terres & héritages qu'il tenoit fous les Seigneuries de Châtel-Audren & de Lanvollan, du chef d'Yoland de Rohan fon ayeule, fut pourvu le 25 Septembre 1520, d'une Charge de Gentilhomme ordinaire de l'Hôtel du Roi François I. Et ayant fuivi ce Prince en Italie, fut, felon les Hiftoriens de Bretagne (1), un

______

(1) Lobineau, Tome I, page 832, &c.

des Seigneurs de la Province qui fe diftin-
guerent dans les Guerres du tems. On apprend
même par un Mémoire domeftique qu'il fut
tué le 24 Février 1524 (vieux ftyle), à la Bataille de Pavie, cette Bataille funefte où les
plus grands Seigneurs du Royaume demeure-
rent fur la place ; mais quoi qu'il en foit,
comme il ne laiffa point de poftérité, & même
qu'il n'avoit pas encore été marié, tous les
biens de la Maifon pafferent à fon frere

XI. DEGRÉ.

GUILLAUME le Sénefchal-de Kercado, II du
Nom, qui par ce moyen fut, comme fes peres,
Seigneur de Kercado, du Bot-S. Caradec, de
Brohais, &c. & après avoir été déclaré héritier principal & Noble de fa mere par le teftament du 10 Octobre 1531, ne poffeda pas
long-tems cette fucceffion ni celle de fon pere,
ayant tefté dès le mois de Décembre 1533,
vraifemblablement travaillé d'une maladie qui
l'emporta. C'eft ce qui réfulte de la lecture
de fon teftament, dont les principales difpo-
fitions font « qu'il élifoit fa fépulture aux En-
» feux qu'il avoit dans l'Eglife Paroiffiale de
» S. Gonneri (1); Qu'il donnoit à TRISTAN le

______

(1) C'eft la Paroiffe dans laquelle eft fitué le Château de Kerçado ou Carcado.

» Séneschal *son cousin*, Sieur de S. Trivier,
» toutes les Terres que celui-ci tenoit de lui,
» & que comme il étoit des Ordonnances du
» Roi, il y ajoutoit un cheval avec son har-
» nois, mais au cas qu'il allât à la guerre, &
» à condition que le même Tristan le tiendroit
» quitte de ce qu'il étoit en droit de rede-
» mander, ou comme héritier de feu GUIL-
» LAUME le Séneschal son pere (1), ou en

------

(1) Guillaume le Séneschal étoit indubitablement un des cadets dont a parlé plus haut. Les dispositions du testament que l'on rapporte ici font bien voir l'identité de leur sang avec celui des Seigneurs de Kercado, quoiqu'on ne trouve point leur jonction; & l'on doit penser de même de quelques autres personnages du nom que l'on rencontre sous la date des mêmes tems ou environ. Tel est un BERTRAND le Séneschal, Ecuyer, Seigneur de Neuville, marié le 10 Mai 1545 avec ANNE *HAI*, fille de Jean *HAI*, Ecuyer, Seigneur des Nétumieres, & de Claude le *VERRIER;* & l'on voit encore LOUISE le Séneschal, Dame du Rocher-Séneschal, qui testa & mourut en 1576, sans avoir eu d'enfans de François du *BREIL*, Seigneur du Breil, de la Marte & de Hedé, Chevalier de l'Ordre du Roi, Gentilhomme de la Chambre de Sa Majesté, &c. Celle-ci étoit sans doute petite-fille de JEAN le Séneschal, Seigneur du Rocher-Séneschal, qui étoit fils d'un PIERRE le Séneschal, aussi Seigneur du Rocher-Séneschal, & qui de son mariage avec Anne d'*ESPINAI*, tante du Cardi-

» conséquence

» conséquence de la tutele & curatelle de feu
» Jean le Sénefchal fon frere, qui avoit été
» gérée par le teftateur ; Qu'il vouloit qu'on
» payât annuellement à Y v e s le Sénefchal,
» Sieur de la Ville-Bofcher, une quantité de
» feigle pour lui aider à s'entretenir fuivant
» fon état, &c. ». Et il léguoit auffi différentes
fommes, tant à Yfabeau le *GAL* fa niece,
pour fubvenir à fon avancement par mariage, qu'à
une autre fille qu'il appelle, *Magdelene Baf-
tarde dudict feu Jehan le Sénefchal.*

Il avoit époufé CATHERINE DE LA *MOTTE-
VAUCLER*, qui étoit non-feulement fille de
Jacques de la *MOTTE*, Sire de Vaucler, de
Lorféil, &c. & d'Anne de *TRÉAL*, comme
on l'a dit dans le premier Regiftre, mais petite-
fille de Gui de la *MOTTE*, Sire de Vaucler,
de Lorfeil, de Villegaft, &c. & de Louife de
MONTAUBAN, fœur germaine de l'Amiral
de ce nom (2), & qui fe trouvant maîtreffe

______

nal de ce nom, mort Archevêque de Bordeaux en
1500, avoit eu entr'autres enfans JEANNE le Sénefchal, femme de Jean *EDER*, Seigneur de Beaumanoir-
Eder.

(1) JEAN, Sire de *MONTAUBAN*, Seigneur de
Romilly, de Landal, &c. Maréchal de Bretagne fous
les Ducs Pierre II & François II, & nommé Amiral de

F

d'elle-même le 19 Décembre 1534, fit avec
Noble & Puissant Christophe de la *MOTTE* son
frere, Sire de Vaucler & de Lorfeil, un accord
par lequel celui-ci promit de donner à sa sœur
sa part dans les successions de leur pere & mere
telle qu'elle auroit pû l'avoir lorsqu'elle avoit
épousé *le feu Seigneur de Kercado*. Christophe
de la Motte mourut avant ce partage ; mais en
sa place le curateur de ses fils (Joseph & Laurent de la Motte-Vaucler), céda à Catherine
de la Motte par acte du 22 Mai 1543, les Seigneuries de Châteauneuf en Goello & de Mau-

---

France par le Roi Louis XI en 1461. Ils étoient l'un &
l'autre sortis du second mariage que GUILLAUME, Sire
de Montauban, Seigneur de Romilly, de Landal, &c.
Chancelier de la Reine Ysabelle de Baviere, femme
du Roi Charles VI, avoit contracté le 22 Août 1411
avec Bonne *VISCONTI DE MILLAN*, fille de Charles
VISCONTI, Seigneur de Parme & de Creme ; &
comme Jean de Montauban n'eut qu'une fille mariée
avec Louis de *ROHAN*, Seigneur de Guémené-Guingamp, I du nom, à qui elle porta la Terre de Montauban, c'est delà que la Maison de Rohan porte dans ses
Armes la *Givre* de Milan. Les Sires de Montauban
étoient tenus cadets de la Maison de Rohan, comme
descendans de Gosselin de Rohan, que l'on croit fils
puîné du Vicomte de Rohan Alain III & de Constance
de Bretagne.

gremieu, enfemble toutes leurs Terres, Maifons, Rentes, Fiefs, Jurifdictions, Obéiffances
& prééminences d'Eglife ; Et le 26 Juillet de
la même année, il lui fut rendu un Aveu où
avec la qualité de *Noble & Puiffante Dame*,
elle a auffi celle de *Dame de Kercado & de
Maugremieu*, ainfi que dans un autre acte du
14 Septembre 1549.

De divers enfans iffus du mariage de Guillaume le Sénefchal & de Catherine de la
Motte-Vaucler, l'aîné & héritier principal &
Noble fut aux termes de l'acte du 14 Septembre 1549. ROBERT le Sénefchal qui fuit ; Et
l'on connoît encore deux filles, favoir 1. BARBE
le Sénefchal de Kercado, Vicomteffe de Maugremieu, alliée à Tannegui de *KERSAUSON*,
Seigneur de Kerfaufon, de Coetméret, de
Coetlofquet, de Kerguélen, &c. à qui elle
porta la Terre de Maugremieu, & qui le 12
Avril 1551, fit un accord au fujet de fa dot
avec Robert le Sénefchal ; & 2. ISABEAU le
Sénefchal-de-Kercado qui époufa le Seigneur
de la Villevoifin.

XII. DEGRÉ.

ROBERT le Sénefchal-de-Kercado, Seigneur
de Kercado, de Brohais, du Bot - S. Caradec,

Vicomte de Châteauneuf en Goello & de Maugremieu, du chef de sa mere, & qualifié *Noble & Puissant* dans un ajournement qui lui fut donné le 2 Juillet 1568, comme tuteur spécial des enfans restés du mariage de son cousin-germain maternel *Noble & Puissant* Joseph de la *Motte*, Seigneur de Vauclerc, avec Catherine TOURNEMINE, avoit antérieurement épousé MARIE DE TRÉGARENTEUC, fille de Pierre de TRÉGARENTEUC, Seigneur de Trégarenteuc, & de Magdeléne de LANVAUX; Et ayant depuis passé en secondes nôces avec JEANNE MAIDO, Dame de Trédudai ou Trédudé, laissa à sa mort trois enfans tant de l'un que de l'autre lit.

Ceux du premier furent 1. FRANÇOIS le Séneschal de Kercado qui suit; & 2. FRANÇOISE le Séneschal-de-Kercado, femme de Pierre de la *VILLÉON*, Ecuyer, Seigneur de la Ville-gourio, dont le mariage est rappellé dans un acte fait avec son beau-frere le 28 Mars 1604. Du second, il ne resta, ou du moins on ne connoît que TANNEGUI le Séneschal, auteur des Seigneurs de Trédudai qui seront rapportés à la suite de leurs aînés.

XIII. DEGRÉ.

FRANÇOIS le Sénefchal-de-Kercado, I. du Nom, Seigneur de Kercado, du Bot-S. Caradec, de Brohais, de S. Mauden &c. né le 11 Août 1560, étoit Capitaine d'une Compagnie de Gens-d'Armes, dès le 1 Avril 1578, lorfque le Prince de Dombes Henri de Bourbon - Montpenfier, depuis Duc & le dernier de fa branche, lui manda, comme Général de l'Armée du Roi en Bretagne, par une Lettre expreffe de « fe rendre avec fa Compagnie au » Camp de Domaigné ».

Ce ne feroit rien avancer au hazard que de dire, qu'au tems de la Ligue, tandis que toute la Province étoit divifée, il demeura fidélement attaché à fon Roi, & malgré le crédit du Duc de Mercœur, conferva toujours fon Château dans l'obéiffance légitime. Ces faits font prouvés par deux Commiffions que René *TOURNEMINE*, Baron de la Hunaudaie, alors Lieutenant Général pour le Roi au Gouvernement de Bretagne (1), adreffa le 3

---

(1) C'eft l'illuftre & fameux Baron de la Hunaudaie fi renommé dans l'Hiftoire de la Ligue par fon attachement pour fon Maître, par l'équité, la douceur & le défintéreffement avec lefquels il gouverna la Province.

Août 1589, au Capitaine du Château de Kercado & aux Juges de la Jurisdiction pour aug-
menter de trente hommes la Garnison de ce
Château & en lever la solde dans les Paroisses
marquées ; Et le 18 Décembre de la même
année 1589, il lui écrivit à lui-même une
Lettre, où il lui marquoit que « sur l'avis
» qu'il avoit eu que sa Maison de Kercado
» étoit fort importante & enviée des Enne-
» mis du Roi, il le prioit de n'en point partir

---

après qu'il en eût été fait Lieutenant Général pour le
Roi. Il étoit frere de Catherine Tournemine, femme
de Joseph de la Motte-Vaucler. Jeanne-Hélene de la
MOTTE-VAUCLER (fille de Joseph) se trouvant à sa
mort sa principale héritiere, recueillit la Baronie de la
Hunaudaie qu'elle porta successivement à ses trois maris,
1°. François de *COLIGNY*, Sire de Rieux, second fils
du Baron d'Andelot, & de Claude de *RIEUX*, Comtesse de Laval sa premiere femme ; 2°. Jean de *RIEUX*,
Marquis d'Acerac, frere aîné de l'ayeul du feu Marquis de ce nom, & du Chevalier de Rieux, Mestre
de Camp du Régiment du Perche ; 3°. Sébastien de
ROSMADEC, I du nom, Marquis de Rosmadec,
Baron de Molac, de Rostrenan, & Chevalier de
l'Ordre du Roi, Gentilhomme de sa Chambre, Colonel Général de l'Infanterie en Bretagne, &c. mort
en 1613 étant nommé Chevalier de l'Ordre du S. Esprit,
& désigné Maréchal de France.

» à moins que pour la conferver plus sûre-
» ment en l'obéiffance de Sa Majefté il n'y laif-
» sât un nombre d'hommes fuffifant, & tel
» ordre qu'il n'arrivât aucun inconvénient de
» fon départ ».

Le Roi Henri *le Grand* fut auffi récompenfer
un fi fidéle attachement, en le créant Chevalier de fon Ordre de S. Michel le 26 Novembre
1596, & Gentilhomme ordinaire de fa Chambre le 22 Janvier 1598. Ce fut le Maréchal de
Briffac qui lui donna le Collier ; Et au mois de
Juillet 1600, le Roi lui accorda encore l'éta-
bliffement de deux Foires par an pour fa Terre
& Seigneurie de S. Mauden, l'une le 26 Juillet
jour de la Fête de Sainte Anne, l'autre le 16
Août Fête de S. Roch. Il mourut dans les premiers mois de l'année 1614.

Il avoit été marié par contrat du 16 Août
1596, avec Damoifelle JEANNE *HARPIN*, fille
puînée de *Noble Ecuyer Monfieur Maître* François.
HARPIN, Seigneur de la Châtellenie de la
Chênaïe, des Coudrais & de Marigné, Confeiller du Roi en fon Confeil d'Etat & Privé,
Préfident au Parlement de Bretagne, &c. &
de Dame Thomaffe *CHAMPION.* De ce mariage (en faveur duquel Jeanne Harpin eut en
dot de fes pere & mere les Terres Nobles de

la Chenardiére, de Longlée, de la Louafrie,
de l'Orme & autres, après que François le
Sénefchal eut reconnu leur qualité de Noble &
la poffeffion du Gouvernement avantageux
dans leurs partages), refterent quatre enfans,
dont la tutelle fut donnée à leur oncle Tannegui le Sénefchal, Seigneur de Trédudai, par
Sentence rendue à Pontivy le 5 Mai 1614,
du confentement de plufieurs parens, favoir
entr'autres Grégoire de *QUÉLEN*, Seigneur
du Broutai & de Trégarenteuc, Gentilhomme
de la Chambre du Roi (1), Françoife le Sénefchal, Dame douairiére de la Villegourio; Jean
de la *VILLÉON* fon fils ainé, Seigneur de la
Villegourio ; Chriftophe *GOYON - VAU-
ROUAUT*, Seigneur du Verger (2) ; Sufanne

---

(1) Il étoit petit-fils d'une Jeanne de *TRÉGAREN-
TEUC*, fœur germaine de la mere de François le
Sénefchal I du Nom, & ainfi il fe trouvoit au troifieme
dégré avec les mineurs. Grégoire de Quélen eft le
bifayeul de M. le Comte de la Vauguion.

(2) Chriftophe Goyon fe qualifie feulement dans
l'acte *parent paternel des mineurs au cinquieme dégré*. Mais
il étoit outre cela leur allié. Car fuivant la tranfaction du
28 Mars 1604, leur coufin germain Jean de la Villéon
(fils ainé & principal héritier de Pierre & de Françoife
le Sénefchal) avoit été marié par acte du 30 Mars

de *GUÉMADEUC*, Dame douairiére de Ker-
fauſon (1); Jean d'*AVAUGOUR*, Seigneur

1599 avec Guillemette *GOYON-DE-LAUNAI-COM-
MATS*, qui étoit ſa niéce, & qui eſt expreſſément
qualifiée *fille unique* de Jacques *GOYON*, Seigneur de
Saint Martin, de Launai-Commats, &c. & de Jullienne
de *LAUNAY*, héritiere de cette Terre.

(1) Elle étoit veuve de François de *KERSAUSON*,
Seigneur de Kerſauson, de Coetmeret, de Rosarnou,
de Kerguélen, Vicomte de Maugremieu, Chevalier de
l'Ordre du Roi, aîné de ſon nom, dont elle avoit pour
fils René de *KERSAUSON*, Seigneur de Kerſauson,
&c. tué en 1638 au Siege de S. Omer, commandant la
Compagnie des Chevaux-légers du Marquis du Pont-
Courlai François de *VIGNEROT*, fils de la ſœur du
Cardinal de Richelieu. Elle avoit eu pour pere Thomas
de *GUÉMADEUC*, qui dans ſon contrat de mariage
en date du 14 Février 1605, eſt qualifié Baron de Guémadeuc & de Bloſſac, Vicomte de Rézay, Grand
Ecuyer Héréditaire de Bretagne. Ainſi comme elle étoit
tante de Marie-Françoiſe de *GUÉMADEUC*, qui
épouſa le 29 Juin 1626 le même François de Vignerot ci-deſſus nommé, elle étoit également niéce d'Anne
de *GUÉMADEUC*, femme de Touſſaint de *BEAU-
MANOIR*, Vicomte du Beſſo, Baron du Pont & de
Roſtrenan, Vicomte du Fou & de Coetmur, dont la
fille unique avoit été mariée, 1°. avec René *TOUR-
NEMINE*, Baron de la Hunaudaie, 2°. avec Charles
de *COSSÉ-BRISSAC*, Marquis d'Aciné, ſecond fils
du premier Duc de Briſſac Charles de *COSSÉ*, Pair,

de Lauroux; le Seigneur de la Villevoifin, &
autres. Ces quatre enfans étoient 1. FRANÇOIS
le Séneschal-de-Kercado qui fuit; 2. CLAUDE
le Séneschal-de-Kercado, qui fut Seigneur de
Saint - Mauden & Préfident au Siége Préfidial
de Quimpercorentin; 3. GILLETTE le Sénefchal-de-Kercado, mariée en 1627, avec Pierre
le *BOUDOUL*, Seigneur du Baudory, & 4.
THOMASSE le Séneschal-de-Kercado, femme
de Louis le *VOYER*, Seigneur Baron de Tré-
gomar, de la Haië-Painel, du Loup, &c. fous
l'autorité de qui elle fit un partage avec fon
frere le 16 Octobre 1630, par acte où il eft
dit que « les fucceffions de leurs feux pere &
» mere, de même que celles de tous leurs pré-
» déceffeurs, s'étoient de tems immémorial
» traitées & gouvernées Noblement & avanta-
» geufement à la forme de l'ancienne Affife du
» Gouvernement du Comte Geoffroi, comme
» dans les Maifons des autres Barons & Cheva-
» liers de la Province ».

XIV. DEGRÉ.

FRANÇOIS le Séneschal-de-Kercado, II. du

Maréchal, Grand Pannetier & Grand Fauconnier de
France, & de Judith d'*ACIGNÉ*, Dame d'Acigné,
Baronne de Coetmen, &c.

Nom , Seigneur de Kercado , du Bot-S. Caradec, de Brohais , Vicomte de S. Mauden &c.

Il obtint au mois de Décembre 1624 , des Lettres Patentes en forme de Charte , par lesquelles le Roi Louis XIII. joignit , unit & incorpora à la Terre de Kercado celle de Brohais & du Bot , avec tous les droits de Juſtice qui en dépendoient , & afin de décorer convenablement cette Terre ainſi réunie , l'érigea en titre & dignité *de Baronie* , pour en joüir par l'Impétrant , ſes hoirs , ſucceſſeurs & ayans cauſe. « Sa Majeſté mettant en conſidération » (ſuivant les termes mêmes des Lettres) & » voulant reconnoître en ſa perſonne tant les » Services fidéles & recommandables que » feux JEAN GUILLAUME & FRANÇOIS le » Séneſchal, anciennement Chevaliers de l'Ordre & Gentilshommes de la Chambre avoient » rendus ſoit aux feux Rois ſes prédéceſſeurs, » ſoit au feu Roi ſon pere , que ceux que lui » rendoit encore journellement l'Impétrant, » qui par ſon mérite perſonnel répondoit à » ſa naiſſance, étant iſſu d'une des plus illuſ- » tres Maiſons de la Province de Bretagne, » alliée aux Ducs de Rohan , aux Barons » d'Avaugour, de Maleſtroit , du Fou & de » Vaucler ; & étant auſſi informé d'ailleurs de

» la grande étendue de la Terre qui étoit
» composée d'un beau Château...... & avoit
» un bon Village, ensemble plusieurs Fiefs
» en dépendans, avec droit de Justice, haute,
» moyenne & basse &c. ». Ces Lettres signées
LOUIS, scellées du grand Sceau & regis-
trées au Parlement de Bretagne par Arrêt du
9 Octobre 1626. François le Séneschal mourut
au mois de Juin de l'an 1639, âgé de 42 ans,
étant né le 16 Mai 1597.

Il avoit contracté mariage le 14 Août 1620,
avec Damoiselle CATHERINE DE *LIS*, fille
de Gilles de *LIS*, Seigneur du Tertre, de la
Rosaïë, & de la Hermonnaïë, Conseiller au
Parlement de Bretagne, Garde des Sceaux
dans les deux Sémestres &c. & de Françoise
de *BEAUCÉ*, sœur de René de *BEAUCÉ*,
Seigneur de la Forêt, Conseiller au même
Parlement; Et une des clauses de ce contrat
avoit été que Catherine de Lis seroit dotée
comme *une fille de bonne & Noble Maison*. La
même Catherine de Lis étoit aussi sœur unique d'Eustache de *LIS*, Seigneur de Beaucé,
Conseiller du Roi en ses Conseils d'Etat &
Privé, Sénéchal de Rennes, Président en la
Sénéchaussée & Siége Présidial de la même
Ville, qui acheva de lui donner son partage

le 30 Décembre 1632, en lui faisant reconnoître que « la succession de leur pere étoit
» Noble & avantageuse, parce que ses prédé-
» cesseurs & lui s'étoient de tems immémorial
» comportés noblement dans leurs partages ».
Et après qu'elle eût perdu son mari, elle
épousa en secondes nôces Jean de *KÉ-
ROUARS*, Seigneur de Kérouars, dont elle
eut Paul-François-Xavier de *KÉROUARS*,
Seigneur du même lieu, & Renée de *KÉ-
ROUARS* qui fut mariée dès le 14 Décembre
1657, avec Vincent Exupére de *LARLAN-
DE-KARCADIO*, Seigneur de Nitré & de Rochefort, Conseiller & depuis Président au Parlement de Bretagne. (Ils furent les pere &
mere du Président Jean-Baptiste de *LARLAN-
DE-KERCADIO-DE-ROCHEFORT*, mentionné à l'Article du nom de LAMBERT).

Quant à son mariage avec François le Séneschal, il en étoit aussi sorti trois fils & une
fille qui furent remis sous sa tutelle le 28 Juin
1639, par l'avis de leurs oncles Claude le Séneschal, Eustache de *LIS* & René de *BEAU-
CÉ*, & de plusieurs autres Seigneurs Bretons
du premier rang, tous leurs parens, comme
Tannegui de *ROSMADEC*, Baron de la Hu-
naudaïë, de Montafilant, Comte de Pléhérel,

Seigneur de Vaucler, &c. Gouverneur de
Dinan (1), Jean-Emmanuel de *RIEUX*,
Marquis d'Acenac, Seigneur de l'Isle-Dieu,
& depuis Baron de la Hunaudaie (2), Anne
de *VOLVIRE* de *RUFFEC*, Baron de Saint-
Brice, de Cever, de la Châtelière (3), &c.

---

(1) Il étoit sorti du mariage de Jeanne Héléne de la
Motte-Vaucler avec Sébastien de Rosmadec, I du nom,
& c'est à ce titre qu'il étoit Seigneur de la Hunaudaie.
Il mourut le 12 Septembre 1640 sans avoir été marié,
& laissant pour héritiere Catherine de *ROSMADEC*,
sa sœur germaine, qui avoit épousé Gui de *RIEUX*,
Comte de Châteauneuf, Vicomte de Donges, & ne
laissa aussi qu'une fille nommée Jeanne-Pélagie de
RIEUX.

(2) Jean-Emmanuel de Rieux eut cette Terre en
épousant Jeanne-Pélagie de Rieux, qui étoit sa cousine
au quatriéme degré.

(2) Anne de Volvire de Ruffec mort sans postérité,
Conseiller d'Etat d'Epée, après avoir obtenu que sa
Terre de S. Brice fût érigée en Marquisat (les Lettres
sont du 8 Juillet 1645) étoit (à ce qu'on sait) fils de
Jacques de *VOLVIRE*, Baron de S. Brice & de Sens,
frere puîné de Philippe de *VOLVIRE*, Marquis de
Ruffec, mort en 1604 des suites d'un duel contre le
Seigneur de Fontaines-Chalandrai, & de Henri de
VOLVIRE, Vicomte, puis Comte du Bois de la Roche,
bisayeul du feu Marquis de Volvire, mort en 1731,
Maréchal de Camp & Lieutenant Général en la Haute-

Gregoire de *QUÉLEN*, Seigneur du Broutai, alors Lieutenant pour le Roi au Gouvernement de Rennes.

Des trois fils , fçavoir , 1 JEAN ou JEAN-BAPTISTE le Sénefchal de Kercado ; 2 EUS-TACHE le Sénefchal de Kercado , & 3 , RENÉ le Sénefchal de Kercado , le premier qui étoit l'aîné , & qui en cette qualité fut l'héritier principal & Noble de fon pere , continue la

---

Bretagne. Pour fa parenté avec les Seigneurs de Ker-cado , on ignore fi elle venoit du chef de fa mere Jeanne *DERBRÉE* , Demoifelle d'une bonne Maifon de Bre-tagne , ou feulement de celui de Catherine de *MON-TAUBAN* , fa bifayeule paternelle , qui defcendoit au quatrieme degré direct de Robert de *MONTAUBAN* , Seigneur de Grenonville , oncle de l'Amiral de Mon-tauban & de Louife , alliée à Gui de la Motte , Seigneur de Vaucler. De ce chef , Anne de Volvire étoit réel-lement du VII au VIII degré avec les enfans mineurs de François le Sénefchal. Au refte on a vu plus haut combien la feule alliance de la Motte-Vaucler en avoit donné d'autres à la Maifon de Kercado. On peut y ajouter encore celle de Louis de *COETLOGON* , Seigneur de la Lande , de Vauluifant , celui-ci ayant pour mere Marguerite de *TRÉAL* , fille de François de *TRÉAL* , Seigneur du Pleffis-Beaubois , de Vauluifant , &c. Gentilhomme de même Maifon qu'Anne de Tréal , mere de Catherine de la Motte-Vaucler.

defcendance. Le fecond ayant embraffé l'Etat
Eccléfiaftique , devint Aumônier des Reines
Anne d'Autriche & Marie-Thérèfe d'Efpagne,
femme du Roi Louis XIV , fut nommé à l'Evêché de Tréguier en 1692 , prêta le ferment le
23 Novembre de la même année , & étant
mort à Paris au mois de Mai 1694 , fut enterré
au haut du chœur de l'Eglife Paroiffiale de Saint
Côme. Le troifiéme fut tige d'une nouvelle
branche de cadets qui fe diftinguent de leurs
aînés par les Titres de Comtes de Kercado &
de Marquis de Molac. Pour leur fœur dont le
nom étoit CATHERINE le Sénéchal de Kercado , elle fe fit Religieufe à Rennes.

XV DEGRÉ.

JEAN ou JEAN - BAPTISTE le Sénefchal de
Kercado , Baron de Kercado , Seigneur du
Bot-Saint-Caradec , de Brohais , Vicomte de
Saint-Mauden , qui , fuivant la Sentence du
28 Juin 1639, n'avoit alors que quatorze ans,
ne fe vit pas plutôt en âge de porter les Armes,
qu'il reprit la profeffion qui avoit été fuivie
par tous fes prédéceffeurs jufqu'à fon pere.
Après qu'il eut fervi pendant quelques années
en qualité de Volontaire , le Roi le fit Meftre
de Camp ou Colonel d'un Régiment d'Infanterie

terie de trente Compagnies , par Commiſſion
du 30 Avril 1653 , où il eſt qualifié *Marquis de
Karcado* ; & il n'eſt point à douter que donnant,
comme il faiſoit , des marques d'une grande valeur , il ne ſe fût beaucoup avancé ſous un
Prince qui ſçavoit ſi bien connoître & récom-
penſer le mérite guerrier ; mais il mourut à
Sédan le 19 Juillet 1654 , d'une bleſſure qu'il
avoit reçue à la tête au Siége de Stenai peu
de jours auparavant. Il n'étoit encore que dans
la vingt-neuviéme année de ſon âge , & cependant , ſi l'on s'en rapporte à un Titre do-
meſtique du 12 Novembre de la même année ,
il étoit déja Maréchal de Camp.

De ſon alliance avec Damoiſelle JEANNE
BOTEREL DE *QUINTIN* , qui étoit morte
en couche ſur la fin d'Octobre de l'année 1649 ,
héritiere Viçomteſſe d'Apigné , comme fille
unique de Pierre *BOTEREL* DE *QUINTIN*,
Seigneur de cette Terre , & de Dame Suſanne
le *PREVOST* , Vicomteſſe de Loyat , il laiſſa
pour fils & unique héritier

X V I D E G R É.

BARTHELEMI-HYACINTHE - ANNE le Séneſchal de Kercado, Baron de Kercado, Seigneur du
Bot-au-Séneſchal, de S-Caradec, de Brohais, de

S.-Mauden, de Quélen, du Gué-de-l'Isle, Vicomte d'Apigné, des Cloets, de la Ville de Maupetit, &c. né le 26 Octobre 1649, & connu dans sa majorité sous le titre de *Marquis de Kercado*. C'est lui qui au temps de la Réformation de 1668, se trouvant aîné de sa Maison, ou selon le langage de la Province, chef du nom & des Armes, obtint conjointement avec ses oncles Eustache & René le Séneschal, l'Arrêt de la Chambre de Réformation mentionné au commencement de cet article.

Ayant été également assignés tous à la requête du Procureur Général de la Chambre, tant pour faire la déclaration de leurs Armoiries, que pour justifier de leur qualité, ils commencerent par déclarer le 7 Août 1670 », qu'ils étoient issus de très-Noble & très-an- » cienne extraction ; que plus de quatre cens » ans auparavant, leurs prédécesseurs avoient » porté la qualité de Chevaliers ; qu'il y avoit » de même quatre à cinq cens ans que leurs » Armes étoient d'*azur à sept Macles d'or* ; que » dans les deux derniers Siécles ils avoient » porté tantot sept Macles tantôt neuf, selon » la forme de l'Ecusson, quelquefois en ban- » niere & quelquefois en pointe, mais plus » ordinairement sept ; & que depuis cent ans » ils en avoient neuf.

Ils fournirent en même-temps leur induction
portant » qu'ils soutenoient être en droit de
» jouir de tous les priviléges, prééminences,
» exemptions & honneurs attribués aux anciens
» Chevaliers & Nobles de la Province ; que
» leur demande étoit juste ; qu'ils sortoient
» originairement en ligne masculine des an-
» ciens Sires Sénefchaux Feyés ou Féodés &
» Héréditaires de Rohan, dont on voyoit des
» traces dès le tems de la fondation de l'Ab-
» baye de Bonrepos ; que l'on pouvoit juger
» de la qualité de ces Sénéchaux, non-feulement
» par les grands priviléges que les Vicomtes
» de Rohan leur avoient accordés, mais en-
» core par la qualité des Vicomtes mêmes ;
» que comme leur Maifon avoit toujours
» beaucoup approché des Maifons Souve-
» raines (1), leur Vicomté avoit auffi de tout

____

(1) Il n'y a rien de trop fort dans ces expreffions.
Divers Auteurs très-anciens, ont même été plus loin,
en difant expreffément que la Maifon de Rohan étoit
une branche de celle des premiers Souverains de Bretagne. Le favant Hubert Languet, parlant dans une de
fes Lettres du Seigneur de Rohan, qui en 1561 établit
à S. Brieu la Religion réformée, s'explique en ces
termes : *Dominus de Rohan*, qui eft ex veterum Ducum
Britanniæ Familiâ, *nuper collectâ manu Nobilium ingreffus*

» tems paffé pour une des plus illuftres &
» des plus confidérables Vicomtés de l'Eu-
» rope ; qu'il ne falloit que lire l'hiftoire de
» la Province pour fçavoir qu'anciennement
» ils avoient eu beaucoup de Vaffaux nobles
» des plus grands noms de Bretagne, entre
» lefquels ceux qui tenoient le premier rang
» étoient certains Seigneurs qui en étoient Sé-
» néchaux Féodés & Héréditaires, comme
» les Sires de Joinville l'étoient à la Cour des
» Comtes de Champagne, & les Sires de Vergy
» à celle des Ducs de Bourgogne ; que quant
» à ce qui regardoit en particulier les Séné-
» chaux Féodés, fur la fin du fiécle 1200
» (c'eft-à-dire le XIIIe Siécle) leur Maifon

---

eft in Epifcopatum Briocenfem (ideft Saint Brieu), *&
ejectis ex aliquot locis Pontificiis Sacerdotibus,* (les Prê-
tres Papiftes) *fuffecit ipfis Miniftros noftræ Religionis, &
redituum Ecclefiafticorum adminiftrationem dedit Quæfto-
ribus à fe conftitutis, &c.* Ex Ep. ad Ulrich. Mordifium
Sereniff. Saxoniæ Elect. Confiliarium feu adminiftrum
præcipuum. Ep. LI. Dans une autre Lettre il parle ainfi
à l'occafion du mariage d'un Seigneur de la Maifon :
*Eo ipfo die (nempè Michaelis 1561) unus ex Familiâ
de Rohan,* quæ originem ducit à veteribus ducibus
Britanniæ Aremoricæ, *celebravit nuptias in pago vicino
aulæ, Beza Miniftro & habente Concionem.* Ex iifd. Epift.
Epift. LVII.

» avoit été partagée en deux branches , dont
» la premiere s'étoit presque aussi-tôt vue ré-
» duite à une fille ; que cette fille nommée
» Jeanne le Sénéchal avoit porté la Séné-
» challie Féodée à son mari Josselin de Tré-
» brimoël , Sire de Coetniel , des mains de
» qui elle avoit passée par une autre fille dans
» la Maison des anciens Sires de Molac , &
» de-là successivement & à titre d'hérédité
» dans celles de Rieux , de la Chapelle , de
» Rohan & de Rosmadec ; que la tige de la
» seconde branche avoit été Eon le Séneschal
» leur dixiéme & neuviéme ayeul respectif,
» qui vivoit sur la fin du XIIIᵉ Siécle & au
» commencement du XIV ; que ce qui fesoit
» voir leur descendance des anciens Sires Sé-
» néchaux Féodés & Héréditaires de Rohan ,
» c'étoit la Terre du Bot-Saint-Caradec qui
» avoit été donnée en partage à Eon le Sé-
» neschal , & qu'ils possédoient encore en ra-
» mage des mêmes Sires Séneschaux Féodés
» ou de leurs ayans causes , mais avec exemp-
» tion de rachat , aux termes de la Conces-
» sion faite en 1264 , aux Sénéchaux Féodés
» & à leurs seuls descendans ; que depuis
» Eon le Séneschal leur filiation étoit aussi ex-
» pressément prouvée que la possession de la

G iij

» Terre du Bot ; que fidéles aux anciennes
» maximes leurs prédécesseurs n'avoient fait
» que de grandes alliances ; & enfin qu'en toute
» occasion ils avoient signalé leur zèle pour
» le service du Prince & pour le bien général
» de l'Etat. «

Pour appuyer cet exposé , ils produisirent
les Titres sur les extraits desquels le présent
Article est construit ; & en conséquence la
Chambre prononça par son Arrêt en date du
21 Août 1670, que VU TOUTES CES PIÉCES
PRODUITES EN ORIGINAL , depuis la Charte de
fondation de l'Abbaye de Bonrepos , & notamment, 1°. l'exemption de Bail ou de rachat
accordée en 1264 à Olivier le Séneschal ,
premier du nom , par le Vicomte de Rohan
Alain VI. 2°. la transaction de 1289, où Olivier le Séneschal , second du nom , est expressément qualifié *Monsour & petit-fils de Monsour
Olivier le Séneschal.* 3°. Les deux Enquêtes de
1430 & 1434 , qui établissoient la jonction
des Seigneurs de Kercado avec les Sénéchaux
Féodés & la juveigneurie d'Eon le Séneschal.
4°. L'acte de partage donné en 1368 à Guillaume le Séneschal par son frere Alain le Séneschal en qualité *de fils aîné & principal hoir*
du même Eon , ensemble tous les autres titres

qui aſſuroient inconteſtablement la filiation depuis cette époque, & de plus quelques actes que Barthelemi-Hyacinthe-Anne le Sénéſchal avoit repréſentés pour prouver l'ancienneté & la grandeur du nom de Boterel (à cauſe de ſa mere), elle le jugeoit lui & ſes deux oncles nobles, iſſus d'ancienne extraction noble, même d'ancienne Chevalerie, les maintenant à ce Titre dans la poſſeſſion des priviléges, qualités, franchiſes & prééminences attribués aux Nobles de la Province, & ordonnant que leurs noms ſeroient employés aux Rôle & Catalogue des Nobles, &c. Cet Arrêt ſigné LE CLAVIER.

Bathelemi - Hyacinthe - Anne le Sénéſchal épouſa par contrat du 31 Janvier 1674, LOUISE-RENÉE DE *LANNION*, fille puînée de Claude de *LANNION*, Seigneur Comte de Lannion, Gouverneur des Villes de Vannes & d'Aurai, Capitaine de l'Arriére-Ban de l'Evêché de Vannes, & de Thérèſe *HUTTEAU* DE *CADILLAC* ; & de ce mariage vinrent quatre enfans ; ſçavoir, 1. CLAUDE-HYACIN-THE le Sénéſchal de Kercado, qui ſuit. 2. CLAUDE-SILVESTRE le Sénéſchal de Kercado, reçu Chevalier de Malte au Grand Prieuré d'A-quitaine le 15 Mai 1699, ſur la preuve de son ancienne Noblesse, dont le procès-verbal cite entre les titres produits pour cette preuve, 1°. l'acte de 1262, qu'Olivier le Séneschal, premier du nom, scella de son sceau ; 2°. la Lettre de Pierre de Kergorlai ; 3°. la Transaction de 1272 ; 4°. l'Arrêt de 1289, comme autant de Titres qui appartenoient incontestablement aux Seigneurs de Kercado. (Il mourut en 1702 au retour de ses Caravanes.) 3. LOUIS-RENÉ le Séneschal de Kercado, qui continue la descendance, & 4, THÉRÈSE-EUGENIE le Séneschal de Kercado, mariée en 1700 avec Claude-Charles de *BEAUVAU*, Marquis de Tigny, Baron de la Marche en Poitou, &c.

XVII DEGRÉ.

CLAUDE-HYACINTHE le Séneschal de Kercado, appellé comme son pere le *Marquis de Kercado*, Colonel du Régiment Dauphin Etranger, Cavalerie, & Brigadier des Armées du Roi, eut le 4 Avril 1705, un ordre de Louis XIV. pour aller en cette derniere qualité servir au-delà du Rhin dans l'Armée que commandoit en chef le Comte de Marcin ou Marchin, Maréchal de France. Ayant été blessé l'année suivante au siége de Turin, il mourut de ses blessures, comme il venoit d'être nom-

mé Maréchal de Camp. Il n'avoit point été
marié.

XVII DEGRÉ.

LOUIS.-RENÉ le Séneschal de Kercado,
(troisiéme fils de Barthélemi-Hyacinthe-Anne
le Séneschal de Kercado, & de Louise-Renée
de Launion) devenu l'aîné & l'héritier de la
Maison par la mort de son frere, & comme
lui *Marquis de Kercado*, fut ainsi Baron de
Brohais, du Bot-au-Séneschal & de Saint-Ca-
radec-sur-Aoust, Vicomte d'Appigné & de
Saint-Maudan, Châtelain du Gué-de-l'Isle &
de la Riviere, Seigneur des Baronies de la
Feuillée & de Belle-Isle, Baron Banneret de
Quelen, Seigneur d'Acigné, de Gautro, de
Malleville, Ploërmel, des Cloëts & de la Ville-
Maupetit, &c. & ayant été marié par contrat du 10 Février 1710, avec Marguerite-
Louise de Boisgelin-Cucé, fille aînée de Gabriel de Boisgelin, Marquis de Cucé, Seigneur
des Guailleulles, des Loges, d'Equivi, Président à Mortier au Parlement de Bretagne, &
d'Anne de la Bourdonnaye-Coëtion, sœur
d'Yves de la Bourdonnaye, Seigneur de Coë-
tion, successivement Conseiller au Parlement
de Rennes, Maître des Requêtes, Intendant
à Rouen & à Bordeaux, puis Conseiller d'Etat

ordinaire ; fœur auffi de Jacques-Renaud de
la Bourdonnaye, Baron de Bloffac, Préfident
au Parlement de Bretagne, & de Jean-Louis
de la Bourdonnaye, Evêque de Saint-Pol de
Leon. Il en eut quatre enfans ; fçavoir, 1 Louis-
Alexandre-Xavier le Sénefchal-Kercado qui
fuit ; 2.   •   , reçu
Chevalier de Malte,   mort
en bas âge ; 3. Louis-Gabriel le Sénefchal-Kercado, dont il fera auffi fait article ; 4.
                    morte en bas âge. Il
mourut en 1749.

XVIII. DEGRÉ.

Louis-Alexandre XAVIER le Sénefchal Kercado, appellé le Marquis de Carcado, né le
21 Février 1712, fut d'abord Moufquetaire du
Roi dans la feconde Compagnie, & Colonel du
Régiment de Breffe Infanterie, en 1733. Il fit
fes premieres campagnes à Philisbourg & dans
l'armée du Rhin, fe trouva au combat de Sa-
hays en Bohême, au fiege & à la retraite de
Prague, Brigadier en 1743. Il fit enfuite la campagne de Courtray fous les ordres de M. le
Comte de Saxe. Il fut fait Maréchal de Camp
en 1745, & Lieutenant Général des Armées
du Roi en 1748, âgé alors de trente-fix ans,

& Commandant de la baſſe Alſace, après avoir acquis beaucoup de conſidération dans le Service. Il avoit épouſé par contrat du 23 Avril 1733, Marie-Anne-Claude de Montmorenci Neuville d'Aumont, fille unique de François de Montmorenci Neuville d'Aumont, appellé le Marquis de Montmorenci, Seigneur de la Riviere, de Monjonnet en Abarets, de la Vrilliere, & de la Châtellenie de la Touche à Nozai, Brigadier des Armées du Roi, alors Colonel du Régiment de Breſſe, & de Emilie-Félicité de Cornullier, ſœur de Charles-René de Cornullier, Marquis de Châteaufremont, Comte de Largoët, Préſident à Mortier au Parlement de Bretagne. Le Marquis de Carcado mourut en 1763, & n'a laiſſé que deux filles de Marie-Anne-Claude de Montmorenci, dont l'aînée Marie-Anne le Séneſchal-Kercado, principale héritiere, a épouſé Corentin-Joſeph le Sénéchal, Marquis de Molac ſon parent, & la puînée a épouſé en 1763 François de Graſſe, Marquis de Graſſe, des Princes d'Antibes, Capitaine au Régiment des Gardes Françoiſes & Brigadier des Armées du Roi. Il avoit eu un fils appellé Louis le Séneſchal, Marquis de Carcado, né en 1745, Enſeigne de la Colonelle au Régiment de Breſſe, mort en 1752.

XVIII. DEGRÉ.

Louis-Gabriel le Séneschal Kercado, appellé le Comte de Carcado, devenu l'aîné de la Maison par la mort de son frere le Marquis de Carcado, & comme lui fils de Louis-René le Séneschal, Marquis de Carcado, & de Marguerite-Louise de Boisgelin-Cucé, est né le 5 Mai 1710. Il a été reçu Page du Roi dans sa grande Ecurie le 29 Mai 1731, Enseigne au Régiment de Bresse, dont son frere étoit Colonel en 1733, Capitaine au même Régiment le 20 Décembre 1737, Chevalier de S. Louis en 1744, Colonel du Régiment de Bresse, toujours possédé par ceux de son nom & de sa famille depuis sa création, le 1er Décembre 1745, Brigadier le 10 Mai 1748, Maréchal de Camp le 20 Février 1761, étant alors Commandant de la Province du Poitou. Il a épousé par contrat du 21 Mai 1749, Jeanne-Anne Poncet de la Riviere, fille unique de Pierre Poncet de la Riviere, Comte d'Ablis, Seigneur des Faures, de Meninville, de Chatonville, &c. Président au Parlement de Paris; & de Louise-Bonavanture Lelay du Plessis, aussi niece de Matthias Poncet de la Riviere, Evêque de Troyes, & Commandeur reçu sur ses preuves de Noblesse, de l'Ordre de S. Lazare en 1773, frere de son pere.

- - -

SECONDE BRANCHE.

Comtes de Kercado, Marquis de Molac.

XVI. DEGRÉ.

RENÉ le Sénefchal Kercado, qualifié Vicomte, puis Comte de Kercado, troifieme fils de François le Sénefchal Kercado, II du nom, & de Catherine de Lys, dans la fucceffion defquels il eut fon partage le 20 Novembre 1652, ne fut compris dans l'Arrêt de la Chambre de Réformation, qu'après avoir prouvé qu'il avoit marché fur les traces de fon frere aîné, & qu'il étoit dans le Service depuis l'âge de feize ans ; que le 20 Janvier 1652, le Roi lui avoit donné une compagnie de Cavalerie au Régiment de la Meilleraye, appellé alors le Régiment du Grand Maître, où il avoit fervi dans les campagnes de Flandres ; que par commiffion du 15 Janvier 1668, il avoit été fait Colonel d'un Régiment de fon nom. Il fut tué à la bataille de Seneff le 11 Août 1674, étant Brigadier des Armées du Roi.

Il avoit épousé Marie-Anne de Rosmadec
Molac, fille & héritiere de Sebastien de Rosmadec, II du nom, Comte de la Chapelle,
Baron de Molac, &c. & de Renée de Ker-
hoënt, dame de Kergournadech, comme héritiere de sa branche, qui étoit celle de Coë-
tanfao. Sebastien de Rosmadec, qui fut le dernier de sa famille Séneschal héréditaire & féodé, avoit eu plusieurs enfans de son mariage,
& entr'autres, pour fils aîné Sebastien de Rosmadec Molac, III du nom, Marquis de Rosmadec, avec qui René le Séneschal Kercado
transigea pour la dot de sa femme le 2 Janvier 1663. Mais le même Sebastien de Rosmadec III, étant mort depuis sans laisser de postérité, tout le sang direct des anciens grands
Sénéchaux, par les femmes, se trouva réduit à
sa sœur Marie-Anne de Rosmadec, Comtesse
de Kercado, qui auroit aussi recueilli tous les
droits de la charge de Séneschal, principalement dans le Duché de Rohan, si son pere
Sebastien de Rosmadec, II du nom, n'en avoit
fait la cession par un traité particulier qui,
à la vérité, ne concernoit & ne pouvoit con-
cerner que les seuls droits de la charge, &
non la charge même. Et c'est la matiere d'une
question, si un pere peut lier sa postérité sur

tous les droits d'une charge attachée au sang
depuis un tems immémorial, par une inféo-
dation & une possession soutenue & confirmée
depuis plus de six siecles. De l'alliance de René
le Sénéschal avec Marie-Anne de Rosmadec
Molac, il resta deux fils ; savoir, 1. René-
Alexis le Sénéschal Kercado Molac qui suit.
2. Sebastien-Hyacinthe le Sénéschal Kercado
Molac, appellé le Chevalier de Kercado, pour
lequel fut créé le Régiment de Dauphiné,
Infanterie, en 1684. Il jouissoit de la plus
grande estime, & fut envoyé à Naples par
le Roi, pour commander en chef dans le
Royaume de Naples, pendant les campagnes
de 1704 & 1705, commission aussi épineuse
qu'importante par les circonstances. On voit
par les lettres de sa correspondance qu'il s'en
acquitta avec autant d'habileté que de fermeté :
au milieu des plus grandes espérances, il fut
tué à la bataille de Turin en 1706, étant Maréchal de Camp, & fort regretté.

XVI. DEGRÉ.

RENÉ-ALEXIS le Sénéschal Kercado Molac,
I. du nom, appellé le Comte de Carcado,
Marquis de Pontecroix & de Molac, Gouver-
neur des Ville & Château de Quimper. Ce fut

pour lui que le Roi Louis XIV créa en 1684 le Régiment de Bresse, Infanterie, dont il fut le premier Colonel. Il servit avec une grande distinction en Flandres, en Allemagne, mais sur-tout en Italie, où il fut Commandant dans la vallée d'Aost, & en Espagne sous les Ducs de Vendôme & de Bervick. On peut juger de ses services par les lettres qu'il reçut de ces Généraux célebres, ainsi que de M. le Duc d'Orléans, depuis Régent. Il fut fait successivement Brigadier, Maréchal de Camp, & quelques années après, Lieutenant Général des Armées du Roi en 1708. Il mourut le 29 Août 1743, & fut enterré dans l'église des Petits Augustins à Paris, où l'on voit son épitaphe à la gauche de la balustrade du chœur.

De son mariage avec Jeanne Magon, sœur de N.... de Terlay, Lieutenant Colonel du Régiment des Gardes Françoises, Commandeur de l'Ordre de saint Louis, & Lieutenant Général des Armées du Roi, qu'il avoit épousée par contrat du 9 Janvier 1709, il avoit eu, 1. René-Alexis le Séneschal Kercado Molac, II du nom, appellé le Marquis de Molac; 2. Corentin-Joseph le Séneschal Kercado Molac, Marquis de Molac; 3. Louise-Marguerite le Séneschal Kercado Molac, mariée le 14 Janvier 1740,

1740, à Anne-Louife de Beauvau, Marquis de Tigny; 4. . . . ., mariée à . . . . . ., Comte de la Caunelaye ; 5. . . . . . appellée Mademoifelle de Carcado ; 6. . . . ., morte fille ; 7. . . . . ., Religieufe. Il avoit époufé en fecondes nôces N. . . . . de Konigfmark, fille du Comte de Konigfmark, frere de la mere du Maréchal Comte de Saxe, dont il n'a point eu d'enfans. Elle mourut à Paris en 1746.

XVII. DEGRÉ.

RENÉ-ALEXIS le Sénefchal Kercado Molac, II du nom, Marquis de Molac & de Pontecroix, Gouverneur en furvivance des Ville & Château de Quimper, & Colonel du Régiment de Berry, Infanterie, tué au fiege de Prague à la fortie du 22 Août 1742, étant à la tête des Grenadiers de l'Armée, qu'il avoit demandé à commander avec une valeur dont il avoit déja donné des marques par la fermeté de fa réponfe à une fommation de fe rendre dans un pofte où il commandoit. Il fut enterré dans l'églife des Capucins de la Ville de Prague, fuivant l'extrait qu'on en a retiré.

XVII. DEGRÉ.

CORENTIN-JOSEPH le Sénefchal Kercado

Molac, Marquis de Molac, Gouverneur des Ville & Château de Quimper, fecond fils de René-Alexis le Sénefchal, I du nom, Comte de Carcado, & de Jeanne Magon de Terlaye, devint aîné par la mort de fon frere, tué à Prague. Il avoit d'abord été nommé Abbé & pourvu de l'Abbaye de Bitaine en Franche Comté; il eft entré Moufquetaire du Roi dans la premiere Compagnie, le 21 Septembre 1743, Lieutenant au Régiment du Roi, Infanterie, le 25 Novembre 1744, y a été bleffé au fiege de Tournay en 1745, s'eft trouvé aux batailles de Fontenoy, de Raucoux, de Lawfeldt, & a été fait Colonel du Régiment de Perigord, Infanterie, le 1er Janvier 1748, Brigadier le 20 Février 1761, Maréchal de Camp le 25 Juillet 1762.

le Roy lui a accordé les entrées de fa chambre en novembre 1773.

Il a époufé Marguerite-Louife-Françoife le Sénefchal - Carcado, fille aînée & principale héritiere de Louis - Alexandre - Xavier le Sénefchal, Marquis de Carcado, & de Marie-Anne de Montmorency. Leurs enfans (en cette année 1773) font, 1. Louis-Alexandre-Marie-Jofeph le Sénefchal Kercado Molac, appellé le Marquis de Carcado, né le 16 Juillet 1757, entré Moufquetaire du Roi dans la premiere Compagnie, Lieutenant en fecond, Surnuméraire au Régiment de Guyenne, Infanterie, 2. Antoine-Paul-Marie-Prudent-Fortuné le Sénefchal Kercado Molac, nommé le Comte de Molac, né le 29 Juin 1762; 3. Sebaftien-Anne-Alexis le Sénefchal Kercado Molac, né le 13 Avril 1772, mort en bas âge; 4. Marc-Perrinne-Marie-Anne-Paule-Louife-Vincente le Sénefchal Kercado Molac, née le 18 Août 1754, mariée le 21 Octobre 1770, à Claude-Louis-Jean-Vincent, Marquis de Beauveau Tigny; 5. Innocente-Gabrielle-Angélique le Sénefchal Kercado Molac, née le 26 Mai 1765; 6. Anne-Louife-Marie-Eulalie le Sénefchal Kercado Molac, née le 16 Août 1766; 7. Marie-Anne-Rozalie le Sénefchal Kercado Molac, née le 30 Janvier 1769; 8. Agathe-Félicité le Sénefchal Kercado Molac, née le 25 Janvier 1771, morte en bas âge.

TROISIEME BRANCHE.

Seigneurs de Tredudai, Comtes de Kerguifé.

XIII. DEGRÉ.

TANNEGUY le Sénefchal Kercado, Seigneur

de Tredudai, second fils de Robert le Séneschal, Seigneur de Kercado, & de Jeanne Maydo, qu'il avoit épousée par contrat de mariage du 3 Janvier 1562, & qui étoit fille aînée, héritiere principale & noble de Jacques Maydo, Seigneur de Tredudai, Capitaine-Commandant de l'Isle de Rhuys, & d'Ysabeau de Longuyoven.

Tanneguy le Séneschal est reconnu pour le Sang des Seigneurs de Kercado, non seulement par l'acte d'un partage que son frere aîné François le Séneschal, I du nom, Seigneur de Kercado, lui donna à titre de Juveignerie le 18 Mai 1606, mais encore par la Sentence du 5 Mai 1614, qui lui défére à titre d'oncle la tutelle des enfans mineurs du même François le Sénéchal, Seigneur de Kercado I du nom son frere, & de Jeanne Harpin. Il avoit lui-même épousé Jeanne de Kerguifé, dont l'ayeul paternel étoit Chevalier de l'Ordre du Roi & son Lieutenant-Général dans le Pays de Vannes. Jeanne de Kerguifé, héritiere des Terres de Kerguifé, de la Soudraye, de Rohean & du Val-joinct les apporta en mariage à Tanneguy le Sénéchal, par Contrat du 25 Janvier 1591. Leurs enfans furent 1°. René le Sénéchal Kerguifé, qui suit ; 2°. Louise le Sénéchal Kerguifé,

mariée par Contrat du 10 Novembre 1617
avec Jérôme du Botderu, Seigneur de Trogoff.
Ils n'eurent de ce mariage qu'une fille nommée
Jeanne du Botderu, alliée 1°. par Contrat du
22 Février 1645, à Charles du Bot, Seigneur
de Kerbot & du Grego ; 2°. à Charles de Rosnivinen, Seigneur de Rosnivinen.

X I V. D É G R É.

RENÉ le Sénéchal Kerguisé, Seigneur de
Tredudai, de Kerguisé, de Kergoual, de Laval,
&c. cité dans la Sentence du 28 Mai 1639, entre les parens qui approuverent que Catherine
de Lys fut tutrice des enfans qu'elle avoit eus
de François le Sénéchal, Seigneur de Carcado,
IIe. du nom, épousa par Contrat du 6 Juin
1620. Julienne Peschard, fille aînée héritiere
principale & Noble de Laurent Peschard, Seigneur de Lourme, Conseiller au Parlement
de Bretagne, & de Perrinne-Mousfée, Dame de
Pacé. Il en eut quatre fils, sçavoir, 1. Jullien
le Sénéchal Kerguisé, qui suit ; 2. René le Sénéchal Kerguisé, nommé avec son frere dans
le Contrat de mariage que passa le 17 Septembre 1768, Vincent du Bot, Seigneur du Grego
leur neveu : il mourut sans postérité ; 3. Jean
le Sénéchal Kerguisé, Seigneur de Pacé, qui a

H iij

continué la postérité. 4. François le Sénéchal,
Seigneur de Bonnepart, dont il sera fait article.

XV. DÉGRÉ.

JULIEN le Sénéchal Kerguisé, Chevalier,
Seigneur de Tredudai de Kerguisé, de Ker-
guelec, de Kergouetgatt, & de Bizot, Vicomte
de Pacé & de Saint-Jean Brevelay, qualifié de
l'Ordre du Roi, dans une Sentence du 12 Novembre 1654, par laquelle Barthelemy-Hya-
cinthe-Anne le Sénéchal, Marquis de Carcado,
fut remis sous la tutelle de son oncle Eustache
le Sénéchal-Kercado, mort Evêque de Treguier. Il avoit épousé, 1°. par Contrat du 19
Août 1646. Catherine Gouyon de Vaudurant,
fille unique de Jacques Gouyon, Seigneur de
Vaudurant & de Jeanne Cado, dont il laissa
pour fille unique & héritiere Anne le Sénéchal Kerguisé, qui porta en mariage à son mari,
le sieur du Pont Deschuilly, Conseiller au
Parlement de Bretagne, la Terre de Tredudai;
2°. Charlotte de la Bouexiere, sa seconde femme, dont il n'eut point d'enfans.

Ce fut Julien le Sénéchal Kerguisé, qui pro-
duisit à la Chambre de la Réformation de la
Noblesse, pour lui, ses freres & neveux, les
preuves de sa descendance des anciens grands

Sénéchaux en Bretagne, par Robert le Sénéchal, Seigneur de Kercado, & qui en obtint
un Arrêt en date du 22 Août 1670, qui le
maintient lui & fes freres, Nobles d'ancienne
extraction & Chevalerie, avec droit à eux de
continuer de porter les titres & qualités de
Meffires, d'Ecuyers, de Chevaliers, de Seigneurs, &c.

XV. DÉGRÉ.

JEAN le Sénéchal Kerguifé, Chevalier, Seigneur de Kerguifé, de Cohanno, Vicomte de
Pacé, fecond fils de René le Sénéchal Kerguifé
& de Julienne Pefchard, compris dans l'Arrêt
de la Chambre de la réformation du 22 Août
1670, époufa par Contrat du 10 Janvier 1669.
Jeanne Coufturel, fille de Jacques Coufturel,
Seigneur de la Ville-au-Gal & de Perinne Che-
danne, Dame de Befidel, dont il eut Pierre-
René le Sénéchal Kerguifé, qui a continué la
poftérité.

XV. DÉGRÉ.

FRANÇOIS le Sénéchal Kerguifé, Chevalier,
Seigneur de Bonnepart, quatrième fils de René
le Sénéchal Kerguifé, Seigneur de Tredudai, &
de Julienne Pefchard, auffi compris dans l'Arrêt de la Chambre de la Réformation avec fes

enfans, avoit époufé Marie de Marigné, dont il eut 1. Louis le Sénéchal Kerguifé, Capitaine au Régiment de Guebriant, qui fut tué à la guerre, fans laiffer de poftérité. 2. Julienne-Anne le Sénéchal Kerguifé Bonnepart, 3. Suzanne le Sénéchal Kerguifé Bonnepart.

XVI. DÉGRÉ.

PIERRE-RENÉ le Sénéchal Kerguifé, Chevalier, Seigneur, Comté de Pacé, de Cohanno, &c. Lieutenant des Maréchaux de France, & Juge de la Nobleffe en Bretagne, fut long-tems le Doyen de la Nobleffe des États, & y affifta en cette qualité avec beaucoup de diftinction. Il avoit époufé par Contrat du 10 Janvier 1669, Marie de Bruc, fille de Louis de Bruc, Chevalier, Seigneur de Bruc, Confeiller au Parlement de Bretagne, & de Lucrece Boux; il étoit fils de Jean le Sénéchal Kerguifé, & de Jeanne Coufturel. Il eut de Marie de Bruc 1. Luc-Jullien le Sénéchal, qui fuit; 2°.

XVII. DÉGRÉ.

LUC-JULIEN le Sénéchal Kerguifé, appellé le Comte de Kerguifé, Chevalier, Seigneur de Cohanno, &c. Lieutenant des Maréchaux de France, & Juge de la Nobleffe en Bretagne, étoit fils de Pierre-René le Sénéchal Kerguifé, Comte de Pacé, & de Marie l   Bruc. Etant Capitaine-Ayde-Major au Régiment de Gondrin, Infanterie, il y reçut une bleſſure qui lui mérita une penſion du Roi. Il avoit épouſé 1°. Marie Rogon, fille de Joſeph Rogon, Seigneur de Bellebat & de Croſſac, & de Michelle-Olive Boux: il en eut pluſieurs enfans dont il ſera parlé ci-après; 2°. par Contrat du 9 Février 1737, il épouſa en ſeconde nôces, Alexandrine-Jeanne-Rozalie de Bruc de Montplaiſir, fille de François-Philippe de Bruc, Comte de Montplaiſir, & de Marie-Anne du Fay, dont il laiſſa auſſi pluſieurs enfans. Il mourut en 1763.

Ses enfans du premier lit ſont 1. Pierre-Marie le Sénéchal Kerguifé, appellé le Comte de Kerguifé, qui ſuit, né le 7 Janvier 1726; 2. Marie-Jean-Alexandre le Sénéchal Kerguifé, né le 15 Juin 1728; 3. Marie-Joſeph le Sénéchal, dit l'Abbé de Kerguifé, Prieur du Prieuré de Sainte-Catherine de Kerguifé; 4. Alexis-Louis le Sénéchal Kerguifé, appellé le Chevalier de Kerguifé, né le 26 Décembre 1738, reçu Page de la Chambre du Roi en 1745, enſuite Cornette au Régiment de Clermont, Cavalerie, mort ſans poſtérité en 1772; 5. Marie-Thérèſe le Sénéchal Kerguifé; 6. Marie-Jeanne le Sénéchal Kerguifé.

Les enfans du second mariage avec Alexandrine-Jeanne-Rozalie de Bruc de Montplaisir, sont 1. Joseph-Innocent le Séneschal Kerguisé, appellé le Vicomte le Séneschal, qui a commencé une quatrieme branche; 2. Marie-Jean-Prudent le Séneschal Kerguisé, d'abord appellé le Chevalier de Kerguisé, puis le Chevalier le Séneschal, né le 28 Août 1743, entré Lieutenant au Régiment de Bresse infanterie en 1758, réformé & remplacé au Régiment de Rennes en Décembre 1762, puis au Régiment de l'Isle de France infanterie; 3. Aurelie-Roger-Antoine-Paul le Séneschal Kerguisé, né le 19 Novembre 1746; Habitant de l'Isle de Saint-Domingue, après avoir servi en qualité de Lieutenant dans l'Isle de France, & ensuite Capitaine de Dragons; 4. Marie-Genevieve le Séneschal Kerguisé, morte sans avoir été mariée; 5. Lucrece le Séneschal Kerguisé, aussi morte fille.

XVIII DEGRÉ.

PIERRE-MARIE le Séneschal Kerguisé, appellé le Comte de Kerguisé, Vicomte de Pacé, Seigneur de Bellebat, de Cohanno, du Crevy, &c. Lieutenant des Maréchaux de France, & Juge de la Noblesse en Bretagne, est né le 7 Janvier 1726. Il a commencé à servir en qualité de Volontaire aux Grenadiers du Régiment de la Reine, Infanterie, en 1742, où il se trouva au siége & à la retraite de Prague. Il a épousé, par Contrat de Mariage du 29 Mars 1758, Marie-Genevieve Maudet de Penhoët, fille d'Alexandre Maudet, Seigneur de Penhoët, de la Riviere, de Renchol, de Lanvaux, de Boisen, de Bozeron, &c. & de Genevieve Fouguer de Kersalio ; dont il a pour enfans, sçavoir : 1°. Pierre-Marie-Louis le Séneschal Kerguisé, né le 20 Août 1762 ; 2°. Marie-Perrine-Genevieve le Séneschal Kerguisé, née le 19 Mars 1759 ; 3°. Marie-René le Séneschal Kerguisé, née le 22 Novembre 1760.

QUATRIEME BRANCHE.

Vicomtes de le Séneschal.

X V I I I   D E G R É.

JOSEPH-INNOCENT le Sénéchal-Kerguisé, appellé le Vicomte de le Séneschal, premier fils du second mariage de Luc - Julien le Séneschal, Comte de Kerguisé, avec Alexandrine-Jeanne-Rozalie de Bruc-Montplaisir, est né le 23 Août 1742, & a commencé à servir le 20

Octobre 1755, en qualité de Lieutenant au Régiment de Bresse, Infanterie. Il s'y trouva au combat de Saint-Cast où les Anglois furent repoussés en 1758, détaché à l'artillerie sous les ordres de M. de Villepatour ; il étoit nommé à une Compagnie lorsque le Régiment de Bresse, qui se trouva du nombre des douze derniers Régimens supprimés, fut réformé à la paix, au mois de Décembre 1762. Il passa dans l'Isle de Saint-Domingue, Ayde de Camp de M. le Prince de Monbazon, (alors appellé le Chevalier de Rohan) Gouverneur général de cette Colonie, & fut marié par lui, & par contrat du 5 Janvier 1767, à Marie-Magdeleine-Genevieve-Pierre Cotin de Saint-Leger, fille de feu Toussaint Cotin de Saint-Leger, Capitaine d'Infanterie, & qui avoit une habitation considérable dans l'Isle de Saint-Domingue , & de Magdeleine Poix , veuve dudit sieur de Saint-Léger. Les enfans provenus de ce mariage sont , 1º. Joseph-Pierre-Marie-Louis Leger le Séneschal, né le 5 Juin 1768 , mort en 1773 ; 2º. Jacques-Alexandre-Innocent le Séneschal, né le 26 Septembre 1769 ; 3º. Laurent-Jean Leger le Sénéchal, né le 17 Juillet 1771 ; 4º. Roger-Paul le Séneschal, né le 8 Décembre 1772 , conformé aux Registres de l'Eglise paroissiale de Notre-

Dame du Saint-Rosaire de la Croix-des-Bouquets, Isle de Saint-Domingue.

C'est à la requisition de Joseph-Innocent le Sénéschal Kerguisé, Vicomte de le Sénéschal, que M. Cherin, Généalogiste de la Cour, a été chargé de vérifier toutes ces preuves de Noblesse & de sa descendance des anciens grands Sénéschaux en Bretagne par les Seigneurs de Kercado, & qu'il a été envoyé des ordres au Conseil Supérieur de Saint-Domingue, d'en faire l'enregistrement, pour le faire jouir, lui & son frere Aurélie-Roger-Antoine-Paul le Sénéschal Kerguisé, des priviléges dont la Noblesse est susceptible dans cette Colonie : ce qui a été exécuté par le Conseil Supérieur du Port au Prince, dans le mois de Décembre 1772.

I I.

EXTRAIT DU DICTIONNAIRE HISTORIQUE DE MORERY, Edition de . . . Lettre K. p.

KERCADO ou CARCADO, baronie en Bretagne, où l'on trouve plusieurs monumens qui donnent des lumieres sur l'ancienne charge de Sénéchal, & particulierement celui d'un glebe ou fief attaché à la dignité de grand Sénéchal, pour être possédé héréditairement. Cette terre appellée *la Sénechallie*, étoit composée des châtellenies de Coetniel, de la Mottedonon, Uzel, Saint-Caradec, Cadelac, Molac, & formoit avec les autres droits de la charge un revenu de trois mille livres de rente, comme on le voit dans un acte de l'année 1259 : siécle où le comté de Blois, celui de Chartres, celui de Sancerre, & le vicomté de Châteaudun, furent cédés au roi S. Louis, en échange de deux mille livres de rente. M. Du Cange rapporte l'acte de cette vente.

Quant à la charge de grand Sénéchal féodé & héréditaire en Bretagne, on rapporte son origine à Eudon II, souverain de la Bretagne, qui avoit établi sa cour à Joffelin, ville située dans la vicomté de Porhoët, qui paroît avoir été la capitale de la Domnonée. Mais la postérité d'Eudon ayant été réduite à deux filles qui partagerent la Domnonée, la partie qui fut appellée depuis le *vicomté de Rohan* en conserva les principaux droits, & la terre appellée *la Séneschallie* demeura engagée dans cette portion. Quoique la Bretagne fût gouvernée par des princes d'une autre maison, qui avoient épousé des filles du sang d'Eudon, la charge de grand Sénéchal continua d'être possédée héréditairement, & à titre de fief, par les descendans des premiers qui en avoient joui. Delà vint qu'ils porterent seuls en Bretagne le nom de LE SÉNÉCHAL, fans vouloir y joindre aucun autre, pour marquer leur ancienneté & leur préémimence fur les autres Sénéchaux que les comtes & les ducs de Bretagne établirent dans plufieurs départemens par commiffion, & feulement pour un temps limité. On voit à ce fujet deux piéces, où l'on peut obferver combien on mettoit alois d'exactitude dans les droits attachés aux charges. La premiere de l'année 1269, eft une lettre de Pierre de Kergorlai, de l'illuftre maifon de Montfort, qui après avoir fait un acte pour accorder quelques particuliers, prie *Olivier* le Sénéchal d'y ajouter fon fceau. Pierre de Kergorlai s'y qualifie de *miles fenescallus tunc temporis domini comitis Britanniæ in Cornubia.* La deuxieme eft une lettre du Roi Charles V, datée de Melun en 1377, contrefignée Tabary, adreffée à un des fuccef-feurs du Sénéchal ci-deffus, dans laquelle il lui mande de mettre fon fceau à l'état général des troupes que ce prince avoit en Bretagne, & d'en faire la revue. Cette lettre eft auffi rapportée dans les comptes de Pierre Cauchon à la Chambre des Comptes de Paris.

Ces premiers grands Sénéchaux de Bretagne ayant, comme on l'a dit, affecté dès le douziéme fiécle de ne porter que le nom de leur charge, n'en ont point laiffé d'autre à leurs defcendans,

que celui de LE SÉNÉCHAL, auquel on a joint
depuis ceux de le SÉNÉCHAL-KERCADO, le
SÉNÉCHAL-MOLAC, & le SÉNÉCHAL-KER-
GUISÉ, pour diftinguer les trois branches qui
en reftent : & l'on n'a pu connoître leur véri-
table origine, qui fe perd dans le dixiéme fiécle.
On fait feulement que dès le douziéme fiécle
ils portoient pour armes des *macles* au nombre
de fept, avec une *cotice*, & que ces armes
étoient entierement femblables à celles de la
branche des Rohans feigneurs du Guédelifle.
Ce qui ne peut être attribué à leur charge,
puifque le fceau de Pierre de Kergorlai étoit
différent de celui des comtes de Bretagne, &
de celui du pays de Cornoüailles, dont il étoit
Sénéchal par commiffion.

Les fonctions du grand Sénéchal, exprimées
dans un acte de 1258, étoient, de commander
la nobleffe & les armées, de veiller fur l'adminiftration de la juftice & des finances. De même qu'il réformoit les juges & les jugemens,
il établiffoit des Juges dans toutes les jurifdictions
où ils étoient fes lieutenans ; & quoique leur
unique emploi fût de rendre la juftice, leur
charge a pris dans les derniers temps le nom
de celui dont ils n'étoient que les repréfentans.
Voyez fur les fonctions du Sénéchal *l'hiftoire*
généalogique

généalogique des grands officiers de la couronne,
tome VI, pag. 1.

La branche aînée de ceux du fang & du nom
de le Sénéchal, aujourd'hui KERCADO, ayant
été réduite à une fille, cette charge de Sénéchal
qu'elle porta en dot à fon mari, avec les deux
tiers de la terre appellée *la Sénefchallie*, paffa
par héritage dans les plus grandes maifons de
Bretagne. On verra qu'elle fut poffédée par
Joffelin de Trebrimoël, vicomte de Bagnan en
1300, fiécle où la qualité de *vicomte* étoit la
première après celle des comtes fouverains de
la Bretagne ; enfuite par *Pierre* de Rieux, maréchal de France fous l'année 1400. *Jean* de Rohan, grand maître de Bretagne, & frere puîné
du feptiéme aïeul des princes de Guemené &
Soubife, fut le dix-huitiéme Sénéchal en 1500.
Ces feigneurs poffëderent cette charge à titre
d'héritage de la branche aînée des feigneurs
du nom de le Sénéchal Kercado, dont la poftérité fut continuée par *Eon* ou *Eudon* le Sénéchal. Une charge illuftrée par de fi grands
noms, dont l'autorité exceffive, en réuniffant
l'adminiftration des armes, de la juftice & des
finances, renfermoit toute la puiffance d'un
état, joint aux fiefs & aux autres revenus qui
y étoient attachés, ont fait dire à Don Maurice,

savant bénédictin, que cette charge n'avoit pu
être donnée dans les premiers temps qu'à des
seigneurs qui tenoient de bien près par le sang
aux souverains de Bretagne, & qui probable-
ment en sortoient, ainsi que les seigneurs de
Rohan & d'Avaugour.

GRANDS SÉNÉCHAUX EN BRETAGNE.

On trouve dès l'année 1078, un DONOALD,
grand Sénéchal dans la Domnonée.

DANIEL le Sénéchal, dont on voit le seing
après celui d'Eudon comte de Bretagne, dans
l'acte de la fondation de l'abbaye de Bonrepos
en 1184.

OLIVIER I du nom a signé un acte de la
même abbaye en 1196.

FRAVAL I, qualifié *chevalier & fils de Daniel*,
dans un acte de 1204, & un autre de l'abbaye
de Bonrepos en 1213.

OLIVIER II, dans un acte de donation qu'il
fait à l'abbaye de Bonrepos en 1248, prend
la qualité de *chevalier*.

ALAIN I du nom, est qualifié de *Sire Sénéchal
féodé, chevalier & fils de Fraval le Sénéchal*,
dans une charte de l'abbaye de Bonrepos,
datée de l'an 1254. Du temps d'Alain le Sénéchal, en 1258, il fut fait une enquête qui four-

nit toutes les lumieres qu'on peut défirer fur
les droits de la charge de Sénéchal. Il y eft dit,
» Que la premiére prérogative du Sénéchal,
» après celle de porter la banniere, & de com-
» mander les nobles, étoit le congé de per-
» fonne & de menée, ou autrement, le pou-
» voir de fe délivrer aux plaids généraux, d'y
» mener fes fujets, de les congédier, de leur
» ôter leur héritage & de le donner à d'autres;
» qu'il lui appartenoit d'inftituer un lieutenant
» en toutes barres & jurifdictions, pour y ren-
» dre la juftice, & mettre un fergent général
» & féodé qui, fuivant l'ancienne coutume,
» devoit être noble; qu'outre cela il levoit le
» vingtiéme de toutes fermes, baillées, tail-
» les, aydes, taxes & amendes, &c.

Olivier le Sénéchal, IIIᵉ. du nom, qui dans
un acte daté de janvier 1259, où il prend la
qualité de chevalier, fe donna pour caution
à Alain VI, vicomte de Rohan, chevalier,
d'une fomme de 300 livres que lui empruntoit
Henri de Quenefquen, auffi chevalier. En 1262
l'abbé & les moines de Bonrepos, ayant fait
une tranfaction dont *Olivier Sénéchal*, chevalier, fire & fénéchal féodé, fut témoin, il fcella cet acte de fon fceau où, quoiqu'à demi
rompu, l'on voit encore cinq macles. C'eft à

Olivier que Pierre de Kergorlai écrivit une lettre, pour le prier de confirmer un acte qu'il avoit paffé, en y mettant fon fceau. Le même Olivier eut de grands démêlés avec Alain VI vicomte de Rohan, fur les droits qu'Olivier le Sénechal exerçoit dans la vicomté de Rohan, & qu'Alain de Rohan trouvoit trop onéreux. Ils firent entr'eux une tranfaction par laquelle » Alain vicomte de Rohan, après avoir recon- » nu que les prédéceffeurs d'Olivier le Séné- » chal avoient joui de ces droits, & princi- » palement de celui de nommer un alloué » pour tenir les plaids, convint de donner » un fief entre les rivieres d'Aout & de Blavet, » à Olivier le Sénéchal, qui lui accordoit en » échange la liberté de nommer un alloué pour » tenir les plaids de la vicomté de Rohan, » lorfqu'Olivier le Sénéchal ne voudroit pas » les tenir en perfonne, s'étant réfervé ce » droit ». Cette tranfaction eft datée du mois d'Août 1269, & fcellée d'un fceau de cire verte, portant fept macles en relief: on lit au tour, *figillum Oliverii Senefchalli*.

FRAVAL le Sénéchal II du nom, a la qualité de *Chevalier* dans une Charte de l'Abbaye de Bonrepos, l'an 1272. Il étoit fils d'*Olivier* le Sénéchal, IIIe. du nom, & fut pere D'OLIVIER le Sénéchal IV, & D'EUDON ou EON le Sénéchal, qui a fait la branche des Seigneurs de Kercado, *dont il sera parlé ci-après.*

OLIVIER le Sénéchal, IVe. du nom, aussi Chevalier, eut de grandes contestations avec le Vicomte de Rohan, sur les droits qu'il exerçoit. Elles furent portées devant Jean II, Duc de Bretagne, dans le Parlement qu'il tint à Aurai, l'an 1289. Le Duc de Bretagne rendit un jugement dans lequel il qualifie Olivier le Sénéchal de *Monsour* ; & après l'avoir nommé *petit-fils de Monsour Olivier le Sénéchal, Chevlier*, il le confirme dans la possession de tous les droits qui lui étoient contestés. Dans un acte de l'année 1300, on voit le sceau d'Olivier le Sénéchal IV, qui est de sept macles, avec une barre en cotice ; mais il ne reste plus de la légende que ce mot *Olivier*. Il n'eut qu'une fille, *Jeanne* le Sénéchal, qui hérita de la charge de Sénéchal & des deux tiers de la Terre appellée *la Séneschallie*. Elle épousa Josselin de Trebrimoël, Vicomte de Bignan.

JOSSELIN de Trebrimoël, Chevalier, Vicomte de Bignan. Par son alliance avec *Jeanne* le Sénéchal, il devint Sénéchal héréditaire. Le titre de Vicomte marque son origine ; car il n'y avoit aucun de ceux qui le portoient dans ce siécle, qui ne fût du sang des Souverains de Bretagne. Il n'eut qu'une fille, *Marie* de Trebrimoël.

Guy IV, Sire de Molac, Sénéchal héréditaire, par son alliance avec *Marie* de Trebrimoël, dont un fils qui suit.

Guy V du nom, Sire de Molac, Sénéchal héréditaire, épousa *Jeanne* de Pestivien, fille de *Jean*, Seigneur de Glomel & de *Constance* de Rostrenen, dont il eut entr'autres enfans, Guy VI qui suit, *Jean* & *Olivier* de Molac.

Guy VI du nom, Sire de Molac, Sénéchal héréditaire, qui épousa *Blanche* de Rochefort, fille de *Guillaume*, Sire de Rochefort, & de *Philippe* de Laval. Il en eut plusieurs enfans, OLIVIER, *Guy*, *Jean Alliette*, *Blanche* & *Jeanne* de Molac.

OLIVIER mourut sans postérité.

Guy VII du nom, Sire de Molac, Sénéchal héréditaire, Chambellan des Ducs de Bretagne Jean IV & Jean V, Gouverneur de Ploërmel, épousa *Jeanne* Raguenel, fille de *Jean*, Vicomte de la Belliere, & de *Jeanne* Coupu. Il mourut l'an 1411, & fût le dernier du sang des Sires de Molac, n'ayant laissé qu'une fille, *Jeanne* de Molac qui suit.

PIERRE de Rieux, Maréchal de France, Sé-

néchal héréditaire, par son mariage avec *Jeanne* de Molac. Il étoit fils de *Jean II* du nom,
Sire de Rieux, aussi Maréchal de France, &
de *Jeanne* de Rochefort. Pierre de Rieux se
jetta dans le parti du Dauphin, qui fut depuis
le Roi Charles VII, & le servit avec beaucoup
de fidélité & de succès. Il mourut sans postérité.

GUYON de la Chapelle, Sénéchal héréditaire, par succession de la maison de Molac,
en vertu de l'alliance que son aïeul avoit contractée avec *Alliette* de Molac, fille de *Guy VI*
du nom, Sire de Molac. Il épousa *Béatrix* de
Penhoët, fille de *Jean*, Amiral de Bretagne,
& mourut au siége de S. James de Beuvron,
l'an 1426. Ses enfans furent *Guy* de la Chapelle, mort sans postérité ; JEAN qui suit ;
Jeanne, & *Marie* de la Chapelle.

JEAN de la Chapelle, Sire de Molac, Sénéchal héréditaire, Conseiller & Chambellan des
Ducs Jean V, François I & Pierre II, épousa
l'an 1434, *Marguerite* de Maleftroit, dont il
eut *Jean* Sire de la Chapelle, mort sans postérité ; ALAIN qui suit ; *Jeanne* & *Françoise* de la
Chapelle.

ALAIN de la Chapelle, Seigneur de Molac,
Sénéchal héréditaire, Chambellan du Duc Fran-

çois II, épousa *Louise* de Maleftroit, fille de *Jean*, Seigneur d'Uzés, & mourut l'an 1506. Il fut pere d'*Isabeau* & de *Jeanne* de la Chapelle.

JEAN de Rohan, Seigneur de Landal, Sénéchal héréditaire, par fon alliance avec *Isabeau* de la Chapelle, defcendoit de *Charles* de Rohan, & de *Jeanne* de Navarre. Il étoit frere puîné de *Louis* de Rohan III du nom, Prince de Guemené. *Jean* de Rohan fut après fon frere, grand maître de Bretagne, fous les Reines Anne & Claude, Ducheffes de Bretagne. Il mourut fans poftérité.

JEAN du Juch, Seigneur de Prantanroux, qu'*Isabeau* de la Chapelle époufa en fecondes noces, Sénéchal héréditaire.

JEAN III du nom, Sire de Rofmadec, Sénéchal héréditaire, par fon alliance avec *Jeanne* de la Chapelle, fœur puînée d'*Isabeau*, dont il eut TANGUY de Rofmadec.

RAOUL du Juch, Seigneur de Prantanroux, Sénéchal héréditaire, que *Jeanne* de la Chapelle avoit époufé en fecondes noces.

TANGUY de Rofmadec, fils de *Jean III*, Sénéchal héréditaire, fut Baron de Molac, de Tivarlen, de Pontecroix, Vicomte de Bignan, Chevalier de l'Ordre du Roi & fon Lieutenant en Bretagne. Il époufa 1°. *Marie* de Boutteville, 2°. en 1551 *Marguerite* de Beaumanoir ; dont un fils qui fuit.

SÉBASTIEN de Rofmadec, Sénéchal héréditaire, Baron de Molac, de Tivarlen, de Pontecroix, de Roftrenen, de la Hunaudaye, de Montafilant & de Penhoët, Chevalier de l'Ordre du Roi, Gentilhomme ordinaire de fa Chambre, & Colonel général de l'Infanterie de Bretagne, époufa 1°. l'an 1588 *Françoife* de Montmorency, fille de *François*, Baron de Hallot; 2°. *Jeanne* de la Motte, fille aînée de *Jofeph*, Seigneur du Vauclerc, & de *Catherine* Tournemine. Ses enfans furent SÉBASTIEN qui fuit; *François*, Comte de la Chapelle, célébre par le malheur qu'il partagea avec le Comte de Boutteville fon parent, fous le miniftère du Cardinal de Richelieu, & par fes belles qualités; *Tangui, Touffaints, Magdeléne, Marguerite, Denyfe,* & *Catherine* de Rofmadec.

SÉBASTIEN de Rofmadec, IIe. du nom, Marquis de Molac, Comte de la Chapelle, &c. Sénéchal héréditaire, Chevalier de l'Ordre du Roi, Gouverneur de Quimper & de Dinan, époufa l'an 1616 *Renée* de Kercoent. Il n'eut de ce mariage que deux filles, dont l'aînée, principale héritiere, *Marie-Anne* de Rofmadec, fut mariée à *René* le Sénéchal, Comte de Kercado. Par cette alliance la charge de grand Sénéchal rentra dans la poftérité de fes premiers poſſeſſeurs, après avoir paſſé dans les Maiſons de Trebrimoël, de Molac, de Rieux & de Rohan, les plus conſidérables de Bretagne par leur origine, qu'elles rapportent aux anciens Souverains de Bretagne, & par leurs alliances directes avec pluſieurs Souverains de l'Europe.

BRANCHE DE LE SÉNÉCHAL-KERCADO.

VIII. Eudon ou Eon le Sénéchal, fils de *Fraval II* du nom, Sénéchal en 1272, & frere puîné d'*Olivier* le Sénéchal, IVe. du nom, eut de celui-ci en partage la Seigneurie de Saint-Caradec & du Bot au Sénéchal, qui faiſoit partie du fief appellé *la Sénéchallie*. Il épouſa *Olive* Dame de Kercado, & héritiere de ſon nom, qui le rendit pere de cinq fils, dont il eſt ſouvent parlé dans les Hiſtoriens de Bretagne, ſçavoir 1. *Richard* mort ſans poſtérité ; 2. *Olivier* auſſi mort ſans poſtérité ; 3. Alain qui ſuit ; 4. *Guillaume* le Sénéchal, qui fut un des Seigneurs dont le Duc de Bretagne s'aſſura & prit le ſerment en 1371 & 1372, lorſque les plus puiſſans des Bretons eurent proteſté à ce Prince qu'ils l'abandonneroient dès qu'ils le verroient diſpoſé à aider le Roi d'Angleterre ; 5. *Guy* ou *Guyon* le Sénéchal, qui paroît ſix fois dans l'Hiſtoire de Bretagne, la première ſous l'année 1373 ; entre les Chevaliers qui firent le siége de . . . . ; la deuxième, à la prise d'Aurai le 15 Août 1377 ; la troisième dans une expédition dont il fut chargé par le Sire de Cliffon, pour enlever un corps de troupes commandé par Thomas de Melburne, Chevalier Anglois ; la quatrième, fur la fin de l'année 1378, entre les Seigneurs qui s'oppoferent au deffein que le Roi Charles V avoit formé d'envahir la Bretagne, & qui jurerent de s'unir pour la défenfe de leur Souverain, voulant bien qu'on obligeât leur Prince à renoncer à l'alliance de l'ennemi commun (les Anglois), mais non qu'on le dépouillât de l'héritage de fes peres ; la cinquième, pour avoir obtenu du Duc de Bretagne, nommément & conjointement avec les autres Seigneurs ci-deffus, des lettres datées du 30 Mai 1381. *Comme ainfi foit*, lit-on dans ces lettres, *que par le traité fait entre Monfieur le Roi d'une part & nous d'autre part, tous ceux qui auront tenu le parti de Monfieur le Roi contre nous, & ceux qui auront été de notre part contre Monfieur le Roi, reviendront & retourneront entiérement à tous leurs droicts, poffeffions, &c. fans ce que pour occafion dudit débat, l'on leur y puiffe mettre empêchement, & avec ce tous ceux qui ont tenu le parti d'un côté & d'au-*

tre demeureront quittes & paisibles de tous cas,
crimes, maléfices, multres, crevis de maisons, ra-
vissemens de femmes, pilleries, roberies, & de
quelconques autres crimes & choses commis & per-
petrés par eux, & semblablement de démolitions,
emparemens de nouveaux édifices, de forteresses fait
par eux, & seront toutes rancunes ou mal talens
quelconques remis & pardonnés d'une partie à d'autre.
La sixième fois où il est parlé de Guy le Sénéchal, est comme un des Seigneurs Bretons, qui
en 1383 firent la campagne de Flandre avec
leur Duc, quand ce Prince marcha au secours
du Comte Louis VI du nom, dans les états de
qui les Anglois étoient descendus pour porter
ensuite la guerre en France. 6 & 7. Deux filles,
dont l'aînée, *Olive* le Sénéchal, épousa le Sire
de Harpedane, Sénéchal du Poitou.

IX. ALAIN le Sénéchal épousa 1°. *Jeanne* de
Ploeuc, dont il eut *Isabelle*, qui épousa le Sire
du Boisbouëxel; 2°. *Johanette* du Pont, de la
Maison des Sires du Pont l'Abbé, de laquelle il
eut entr'autres enfans, EVEN le Sénéchal, qui
suit ; & *Pierre* le Sénéchal qui étant à la tête de
trois cens Chevaliers Bretons, fut tué à la défense du poste de Montmartre, en 1411.

X. EVEN le Sénéchal, Seigneur du Bot, Saint-
Caradec, de Kercado, de Brohais, &c. hérita

de la Seigneurie de Brohais, en qualité de plus proche héritier & parent de *Guy* ou *Guillot* de Quenefquen. Il paroît que celui-ci fut le dernier d'une branche de la Maifon de Rohan, qui pofféde encore la Forêt de Quenefquen. *Even* le Sénéchal, reçut plufieurs hommages - liges, & entr'autres celui du Sire de Bahuno, en 1412. Le Vicomte de Rohan, ALAIN VIII du nom, ayant fait à Ploërmel, où les Ducs de Bretagne tenoient leur Cour, un acte en confirmation d'un autre paffé entre lui & Pierre de Rieux, fur les droits de la charge de grand Sénéchal, cet acte fut fcellé en 1419 du fceau de la Cour de Ploërmel ; & à la requête d'Alain Vicomte de Rohan, *Even* le Sénéchal y mit auffi le fien, qui eft de 7 *macles à une cotice*. Le même *Even* le Sénéchal accompagna le Duc de Bretagne Jean V, & fon frere Artus de Bretagne, dans le voyage que ces deux Princes firent à Amiens en 1443, vers les Ducs de Bedford & de Bourgogne, pour ménager un accommodement entre le Roi Charles VII & les Anglois. Le Duc vouloit en cette occafion paroître avec dignité ; & pour cela, il mena avec lui les plus grands Seigneurs de fes Etats, comme on le voit exprimé dans une décharge qu'il donna au Tréforier de fa Maifon, en date

du 23 Juin 1425. Voyez *l'Histoire de Bretagne* par d'Argentré, p. 532. *Even* le Sénéchal épousa *Jeanne* de la Vache, petite fille de Messire *Thomas* de la Vache, *sage & vaillant Chevalier*, qui fit des actions mémorables contre les Anglois en 1369. Il eut de ce mariage sept fils & deux filles : sçavoir, THEBAULD, qui suit ; *Olivier, Jean, Alain, Roland, Yves*, Abbé de Rhedon ; *Jean* que le Duc Richard nomma dans son testament du 11 Février 1425, pour être l'un de ses Exécuteurs testamentaires ; *Jeanne* le Sénéchal, mariée à *René* Frezeau, Seigneur de la Frezeliere, & *Marguerite* le Sénéchal, mariée à *Guillaume* de Froulay, sixiéme aïeul du Maréchal de Tessé. Au sujet de ces dernieres, on rapportera ce qu'en dit le P. Maurice dans ses mémoires pour servir à l'histoire de Bretagne, page 6. » Les Ducs de Bretagne ont tou-
» jours été attentifs à faire observer l'assise du
» Comte Geffroi : ils ne l'ont pas moins été à
» empêcher les mésalliances. Jean V. ayant ap-
» pris qu'un Seigneur de la maison de Rohan
» pensoit à épouser Béatrix Hylary, publia en
» 1414 un mandement contre cette alliance.
» François I en fit un pareil en 1444, pour
» deux Demoiselles de la Maison de Kercado,
» qui *vouloient se mettre en plus bas lieu que*

» *n'échéoit à l'honneur de leur lignage.* » Ce sont
les termes du mandement. Tous ceux qu'on a
nommés ci-dessus suivirent le parti des armes,
à l'exception *d'Yves* le Sénéchal, Abbé de Rhedon, célébre par la faveur de François I, Duc
de Bretagne, & la sagesse des conseils qu'il lui
donna, & qui en auroient fait un des plus grands
Princes de l'Europe, si le Duc les avoit toujours suivis, comme il fit dans l'affaire de
l'hommage qu'il avoit à rendre au Roi Charles VII, pour le Duché de Bretagne. Le Roi
avoit envoyé en Bretagne pour traiter d'une
matière si délicate. L'Abbé de Rhedon conseil-
la au Duc de ne point entrer dans une discus-
sion si dangereuse, & de laisser les François se
flater que l'hommage seroit rendu de la maniere
qu'ils le désiroient, ce qu'il fit. Mais lorsque
ce Prince fut devant le Roi, & que le Sénéchal
du Poitou lui eut dit dans la forme ordinaire
en ces termes, *vous devenez homme du Roi*, &c;
le Duc, sans répondre au sens de ces mots,
adressa la parole au Roi, & lui dit : *Monseigneur,*
telle redevance & à la maniere que mes prédécesseurs
Ducs de Bretagne ont fait à Messeigneurs vos pré-
décesseurs, je vous fais & non autrement. Après
quoi le Duc s'étant approché du Roi, le baisa
étant debout & sans s'incliner. On remarqua

encore qu'il auroit dû être sans chaperon &
sans ceinture ; mais il ne voulut se prêter à aucune de ces formalités. Un hommage rendu si
noblement, fut applaudi de tous les ordres de
Bretagne, & la part que l'Abbé de Rhedon y
avoit, lui acquit une grande considération ;
mais on se servit de l'affaire de Giles de Bretagne, frere du Duc, pour lui faire perdre sa
faveur. L'Abbé de Rhedon ne cessoit de dé-
fendre Giles de Bretagne, contre les calom-
nies dont on le noircissoit dans l'esprit de son
frere. On persuada au Duc que l'Abbé de Rhedon ne lui étoit plus attaché ; celui - ci offensé
du soupçon, se retira dans son Abbaye. Aussitôt
qu'on le vit éloigné, les ennemis de Giles de
Bretagne travaillerent à sa perte avec tant d'a-
nimosité, qu'ils y réussirent ; mais le crime ne
fut pas plûtôt commis, que le Duc en eut des
remords qu'il ne put jamais calmer. Il regretta
Yves le Sénéchal. Il lui écrivit des lettres pressantes pour l'engager à revenir à sa Cour ; &
ne pouvant y réussir, il agit avec tant d'instan-
ces auprès du Pape Nicolas V, qu'il en obtint
d'ériger l'Abbaye de Rhedon en Evêché. La
Bulle qu'en donna ce Pape, est datée de Spolette, au mois de Juin 1449. Elle porte que
Rhedon sera le dixième Evêché de Bretagne ;

déclare

déclare qu'Yves le Sénéchal en sera premier Evêque, & ordonne à l'Evêque de S. Brieu de le sacrer. Mais les Evêques de Bretagne y formerent tant d'oppositions à Rome, & de son côté Yves le Sénéchal se prêta si peu aux desirs du Duc François I, que ce Prince étant mort l'année suivante, l'affaire en demeura là, & ce dixième Evêché de Bretagne fut supprimé.

XI. THEBAULD le Sénéchal, Chevalier, fils d'*Even* le Sénéchal, épousa *Jeanne* du Fou, fille de *Jean* du Fou, qui descendoit d'*Ehuarn*, Vicomte & Prince de Léon, dans le dixième siècle. *Voyez* sur la Maison du Fou les *Mémoires pour servir à l'Histoire de Bretagne*, par D. Maurice, tome 1, page xj. Il étoit Seigneur de Noyant sur Sartre, de Pilmil, de Courcelles, & de la Plesse-Chamillart dans le Maine, & du Preil Robert en Anjou. La mere de *Jeanne* du Fou étoit *Mahaut* de Montfort. *Thebauld* le Sénéchal eut pour la dot de *Jeanne* du Fou, par acte du 18 Janvier 1454, la Seigneurie de la Plesse Chamillart, & la Châtellenie de Courcelles, aujourd'hui Comté de la Suze, & il y reçut plusieurs hommages - liges. François I, Duc de Bretagne, lui donna le commandement d'une armée qu'il envoya en Normandie contre

K

les Anglois, fur lefquels il remporta plufieurs avantages, comme on en peut juger par une Ordonnance que le Duc fit expédier en fa faveur le 11 Octobre 1447. Le Prince s'y exprimoit ainfi : *Mandons à nos amés & féaux Confeillers les gens tenans nos générales affignations, de délivrer la fomme de fix cens écus d'or à notre féal Chevalier Thebauld le Sénéchal, Seigneur de Kercado, en récompenfe des troupes & gens de guerre que ledit Chevalier a conduit pour notre fervice dans la Normandie, & de la valeur qu'il a témoignée en beaucoup de bonnes & notables occafions*, &c.

Du temps de *Thebauld* le Sénéchal, plufieurs defcendans des enfans puînés d'Eon le Sénéchal, porterent les armes avec diftinction, & entr'autres, *Hervé, Piron, Jacques, Jacob* le Sénéchal. Ils formerent plufieurs branches qui s'éteignirent, & dont on voit que les héritiers en différens temps entrerent dans les Maifons de Quenellec, du Châtel, de Buffy Lameth, de Botherel, du Fou & autres. Voyez *l'Hiftoire de Bretagne*, & les *Memoires pour fervir à l'Hiftoire de Bretagne*.

De *Jeanne* du Fou *Thebauld* le Sénéchal eut ; 1. GUILLAUME le Sénéchal qui fuit ; 2. *Ifabeau* le Sénéchal, femme d'*Alain* de la Roche, Seigneur de Duault; 3. *Marie* le Sénéchal qui fut mariée à *Bonabés* de Baud ; 4. *Guillemette*, qui épousa *Jean*, Seigneur du Plessis de Cotte ; 5. *Jean* Abbé de S. Gildas des Bois; 6. *Guillaume*; 7. *Bertrand* dont le fils aussi appellé *Bertrand* le Sénéchal, épousa *Anne* Hay, fille de *Jean* Hay, Seigneur de Netumieres; 8. *Pierre* le Sénéchal, Seigneur du Rocher Sénéchal, qui de son mariage avec *Anne* d'Espinay, tante du Cardinal de ce nom, eut *Jean* le Sénéchal, & *Jeanne* le Sénéchal, femme de *Jean* Eder, Seigneur de Beaumont Eder. *Louise* le Sénéchal, fille de *Jean* le Sénéchal, épousa *François* Breil, Seigneur du Breil, de la Marte, & de Hedé, Chevalier de l'Ordre du Roi, Gentilhomme de sa Chambre, &c.

XII. G U I L L A U M E le Sénéchal I du nom, Seigneur de Kercado, du Bot - au - Sénéchal, Saint - Caradec, Brohais en Bretagne, de la Châtellenie de Courcelles, de la Plesse - Chamillart dans le Maine, &c. épousa 1°. *Sibylle* le Veyer, fille de *Guillaume* le Veyer, Chevalier. La femme de *Tanneguy* du Chastel, Chambellan du Roi Charles VIII, grand maître de France, Prévôt de Paris, qui se nommoit comme elle *Sibylle* le Veyer, & dont elle étoit niéce, testant le mardi avant la Chaire de Saint

Pierre, le 18 Janvier 1443, lui fit don du tiers de tous ses héritages, & de tous ses meubles, entr'autres d'une chaîne d'or, de toutes ses bagues & aiguilles de tête, de tous ses diamans & joyaux. *Guillaume* le Sénéchal épousa 2°. *Yolande* de Rohan, fille d'*Olivier* de Rohan, Seigneur du Guédelisle, & de *Marie* de Rostrenen, & arrière petite-fille d'*Alain VI*, Vicomte de Rohan. De cette alliance, contractée le 12 Octobre 1463, ils eurent entr'autres enfans, *Jean* le Sénéchal qui suit ; *Guillaume* & *Yves* le Sénéchal, partagés l'an 1469 ; *Olivier* le Sénéchal, à qui la Duchesse Anne, lorsqu'elle fut devenue Reine, donna une pension pour le dédommager de la perte de son bien qu'il avoit sacrifié à son service, dans les circonstances orageuses & pressantes où cette Princesse s'étoit trouvée.

XIII. JEAN le Sénéchal I du nom, Chevalier, eut pour curateur son oncle, *Jean* de Rohan. Il épousa *Simone* d'Avaugour, fille de *Louis* d'Avaugour & d'*Anne* de Malestroit. Outre les droits qu'elle avoit en qualité de Princesse du Sang de Bretagne, & les avantages de son affinité avec plusieurs Souverains de l'Europe, elle porta en dot à Jean le Sénéchal, son mari, le partage qui lui fut donné dans les Seigneuries

de Saint-Lean & de Vay. Leurs enfans étoient
1. *Jean* le Sénéchal, Gentilhomme de la Chambre du Roi François I, Chevalier de l'Ordre, qui fut tué devant sa personne à la bataille de Pavie. 2. GUILLAUME le Sénéchal qui suit; 3. *Marie* le Sénéchal.

XIV. GUILLAUME le Sénéchal, II du nom, épousa *Catherine* de la Motte de Vauclerc, petite-fille de *Guillaume* Sire de Montauban, & de *Bonne* Visconti de Milan; celle-ci étoit fille de *Charles* Visconti Duc de Milan qui fut dépossédé par Galeas. *Guillaume* le Sénéchal eut pour le partage de *Catherine* de Vauclerc, par acte du 22 Mai 1543, la Vicomté de Maugremieu, & la Seigneurie de Châteauneuf en Goello. Il légua par son testament plusieurs dons à *Tristan* le Sénéchal, Seigneur de S. Trivier, & à *Yves* le Sénéchal, Seigneur de la Ville Boscher, ses cousins. Les enfans qu'il laissa, sont, entr'autres 1. ROBERT le Sénéchal qui suit; 2. *Jean*; 3. *Barbe* le Sénéchal alliée à *Tanneguy* de Kerlauson; 4. *Isabeau* le Sénéchal, qui épousa le Seigneur de la Ville-Voisin; 5. *Jeanne* le Sénéchal.

XV. ROBERT le Sénéchal I du nom, Seigneur de Kercado, de Maugremieu, de Châteauneuf, &c. se distingua par sa fermeté & par ses démêlés avec les Guises, dont il étoit pourtant allié par *Simone* d'Avaugourt. Il fit un parti contre eux en Bretagne, quoiqu'il fût d'ailleurs attaché à la Religion Catholique. Il épousa 1°. *Marie* de Tregarenteuc, fille de *Pierre*, Seigneur de Tregarenteuc, & de *Magdeléne* de Lanvaux, dont il eut FRANÇOIS le Sénéchal qui suit ; 2°. *Jeanne* Maydo Dame de Treduday, dont il eut TANNEGUY le Sénéchal, qui a fait la branche des Seigneurs de TREDUDAY ou le SÉNÉCHAL KERGUISEC ; *Françoise* le Sénéchal, femme de *Pierre* de la Villeon, Seigneur de la Villegouris, & *Louise* le Sénéchal.

XVI. FRANÇOIS le Sénéchal I du nom, né en 1560, étoit Capitaine d'une Compagnie de gens d'armes dès l'année 1578. Héritier de toutes les Terres qu'on a vu ci-dessus, il s'unit étroitement avec son cousin *René* de Tournemine, Lieutenant général au Gouvernement de Bretagne, pour soutenir vivement le parti du Roi Henri IV. Ce Prince établit une garnison & un Capitaine au Château de Carcado, & lui fit mander de se rendre auprès de lui : mais cette lettre fut suivie d'une autre où il étoit dit, que *sur l'avis que son Château de Carcado étoit fort important & fort envié des ennemis, il ne bougeât dudit Château pour le conserver plus sure-*

ment, *&c :* cette lettre eſt du 18 Décembre de
l'année 1589. Mais le Château de Kercado
aſſiégé par le Duc de Mercœur, fut pris &
détruit après une longue réſiſtance, dont le
Duc de Mercœur ſe vengea en livrant toutes
les terres de *François* le Sénéchal au pillage,
comme on le voit exprimé & détaillé dans les
lettres d'érection de la Seigneurie de Kercado
en Baronie, & d'un marché accordé à titre de
dédommagement par le Roi Henri IV, au mois
de Juillet de l'année 1600. *François* le Sénéchal agit avec autant de zèle dans les États de
Bretagne, & contribua beaucoup à détacher
les Partiſans du Duc de Mercœur, qui fut le
dernier des ennemis de Henri IV, & le plus
difficile à réduire. Ce Prince, pour récompen-
ſer *François* le Sénéchal, le fit Chevalier de ſon
Ordre & Gentilhomme de ſa Chambre ; mais
il ne jouit pas long-tems des faveurs de ce
grand Roi. Il avoit épouſé 1°. *Jeanne* de Gour-
vinec ; 2°. *Jeanne* Harpin, fille de *François* Harpin, Préſident au Parlement de Bretagne, Chevalier de l'Ordre du Roi, & Conſeiller en ſes
Conſeils d'État & privé. Ses enfans furent 1.
FRANÇOIS le Sénéchal qui ſuit ; 2. *Thomaſſe* le
Sénéchal, mariée à *Louis* le Veyer, Baron de

Tregomar, Seigneur de la Haye‑Pesnel, du Loup, &c.

XVII. FRANÇOIS le Sénéchal, IIᵉ. du nom, Marquis de Kercado, eut pour Curateurs Grégoire de Quelen, bisaïeul de M. le Comte de la Vauguyon ; Christophe Goyon, Suzanne de Guemadeuc, tante de celle qui épousa François de Vignerod, Marquis de Pont‑Courlay ; Jean d'Avaugour, &c. Il épousa *Catherine* de Lys, dont il eut trois fils, 1°. JEAN‑BAPTISTE le Sénéchal, qui suit ; 2. *Eustache* le Sénéchal, Evêque de Treguier, & Aumônier des Reines Anne & Thérèse d'Autriche ; 2. *René* le Sénéchal, Comte de Kercado, qui a fait la branche de le SÉNÉCHAL MOLAC.

XVIII. JEAN‑BAPTISTE le Sénéchal, Marquis de Kercado, fut Colonel du Régiment de Touraine, qui s'appelloit alors le Régiment de Carcado. Il est porté dans son brevet, qui est du 30 Avril 1653, qu'il avoit reçu deux grandes blessures l'année précédente. Il fut tué au siége de Stenai, à l'âge de 29 ans, ayant déja acquis une grande réputation. Il avoit épousé *Jeanne* Botherel de Quintin, Vicomtesse d'Appigné, héritiere d'une branche de l'ancienne maison de Penthievre, & fille de *Pierre* Botherel, Vicomte d'Appigné, & de *Susanne* le Prévôt,

Vicomtessé de Loyat; il laissa pour fils & héritier,

XIX. BARTHELEMI-HYACINTHE-ANNE le Sénéchal, Marquis de Kercado, Seigneur du Bot-au-Sénéchal, de Saint-Caradec, de Brohais, Vicomte de Saint-Maudan, Baron Banneret de Quelen, des Cloets, de la Ville Maupetit, de la Châtellenie du Guédelifle, Vicomte d'Appigné & de Loyat. Il épousa l'an 1674, *Louise-Renée* de Lannion, fille de *Claude* Comte de Lannion, Gouverneur de Vannes, & de *Thérèse* Huteau de Cadillac, & mourut âgé de 31 ans. Les enfans qu'il eût de *Louise* de Lannion, furent *Claude Hyacinthe* le Sénéchal, Marquis de Kercado, Brigadier des armées du Roi, & Colonel du Régiment Dauphin étranger, Cavalerie. Il fut tué au siége de Turin en 1706, âgé de 17 ans. 2. *Sylvestre* le Sénéchal Kercado, Chevalier de Malte, qui mourut au retour de ses caravannes. 3. LOUIS-RENÉ le Sénéchal, qui continue la descendance. 4. *Thérèse-Eugenie* le Sénéchal Kercado, mariée en 1700, avec *Claude-Charles* de Beauvau, Marquis de Tigny.

XX. LOUIS-RENÉ le Sénéchal, Marquis de Kercado, Seigneur du Guédelifle, du Bot-au-Sénéchal, Vicomte de Loyat, & d'Appigné, Baron Banneret de Quelen, Vicomte de Saint-

Maudan, de Brohais, d'Acigné, de Malleville, &c. épousa en 1710, *Marguerite-Louise* du Boisgelin, fille de *Gabriel*, Marquis de Cucé, Président à Mortier au Parlement de Bretagne, & d'*Anne* de la Bourdonnaye, dont il a eu, 1. *Louis-Alexandre-Xavier* le Sénéchal, Marquis de Kercado, Lieutenant général des armées du Roi, marié en 1733, à *Marie-Anne* de Montmorenci, dont il n'a que deux filles, *Marie-Anne* le Sénéchal, mariée à *Corentin-Joseph* le Sénéchal, Marquis de Molac, & *Marguerite-Louise-Françoise* le Sénéchal. 2. *Louis-Gabriel* le Sénéchal, Comte de Kercado, né en Mai 1716, Chevalier de Saint-Louis en 1744, Colonel du Régiment de Bresse en Décembre 1745, Brigadier des armées du Roi en Mai 1748, marié en 1749, à *Jeanne-Anne* Poncet de la Riviere, fille unique de *Pierre* Poncet de la Riviere, Président au Parlement de Paris, Comte d'Ablis, & de *Louise-Françoise-Bonaventure* le Lay.

BRANCHE DE LE SÉNÉCHAL MOLAC.

XVIII. RENÉ le Sénéchal, Comte de Kercado, troisième fils de *François* le Sénéchal, IIe. du nom, & de *Catherine* Lys, & frere puîné de *Jean* le Sénéchal, Marquis de Kercado, fut fait Colonel d'un Régiment de Cavalerie du nom de Kercado, ensuite Brigadier des armées du Roi, & fut tué à Seneff, le 11 Août 1674. Il avoit épousé *Marie - Anne* de Rosmadec, fille aînée & principale héritiere de *Sébastien* de Rosmadec Molac, dont il eut deux fils; 1. RENÉ-ALEXIS le Sénéchal, Comte de Kercado, qui suit; 2. *Sébastien - Hyacinte* le Sénéchal, Chevalier de Kercado, pour lequel fut créé le Régiment de Dauphiné Infanterie. Il fut tué au siége de Turin en 1706, étant Maréchal-de-Camp.

XIX. RENÉ-ALÉXIS le Sénéchal, Comte de Kercado, Marquis de Molac & de Pontecroix, Gouverneur des Ville & Château de Quimper, pour lequel fut créé le Régiment de Bresse, fut fait Lieutenant-Général des Armées du Roi en 1708. Après avoir commandé en chef en cette qualité dans la Vallée d'Aost, & avoir servi avec beaucoup de distinction dans les armées de Flandre, d'Italie & d'Espagne, sous le régne du Roi Louis XIV, il mourut en 1744 à Paris. Il avoit épousé, 1. *Jeanne* Magnon; 2. *Marie* de Kœnismark. Du premier mariage il a eu 1. *René-Alexis* le Sénéchal, IIe. du nom, Marquis de Pontecroix & de Molac, Gouverneur de Quimper, Colonel du Régiment de

Berri, qui fut tué au fiége de Prague à la tête des Grenadiers de l'armée : 2. C O R E N T I N-J O S E P H le Sénéchal, qui fuit ; 3. *Louife-Marguerite* le Sénéchal, mariée le 14 Janvier 1740 avec *Anne-Louis* de Beauvau, Marquis de Tigny ; 4. *N.....* le Sénéchal, mariée avec *N....* Comte de la Caunelaye.

XX. CORENTIN-JOSEPH le Sénéchal, Marquis de Molac, de Pontecroix, de Tivarlen, &c. ayant été d'abord dans l'état Eccléfiaftiqne, le quitta & fut fait Colonel du Régiment de Périgord en 1748. Il a époufé *Marie - Anne* le Sénéchal, fille aînée & principale héritiere de *Louis-Alexandre* le Sénéchal, Marquis de Kercado, & de *Marie-Anne* de Montmorenci, dont il a une fille.

XVI. TANNEGUY le Sénéchal, Seigneur de Treduday, étoit fils puîné de *Robert* le Sénéchal, Ier. du nom, Seigneur de Kercado, & de *Jeanne* Maydo, Dame de Treduday. Il époufa *Jeanne* de Kerguifec, Dame des Terres de Kerguifec, de Rohean, & du Val - joinct, dont il eut 1. R E N É le Sénéchal, qui fuit ; 2. *Louife* le Sénéchal, marié avec *Jérôme* de Botderu.

XVII. RENÉ le Sénéchal, Seigneur de Treduday de Kerguisec, de Kergoual, &c. épousa *Julienne* Peschard, dont il eut 1. *Julien* le Sénéchal, Seigneur de Treduday, Vicomte de Pacé, Chevalier de l'Ordre du Roi, qui épousa *Catherine* Goyon de Vaudurant, dont il n'eut qu'une fille mariée au Seigneur du Pont d'Eschuilly : 2. *René* le Sénéchal, Seigneur de Kerguisec ; 3. *Jean* le Sénéchal, Seigneur de Pacé ; 4. FRANÇOIS le Sénéchal, Seigneur de Bonnepart, qui suit.

XVIII. FRANÇOIS le Sénéchal, Seigneur de Bonnepart, épousa *Isabelle* de Thoainnic, dont il eut PIERRE-MARIE le Sénéchal, qui suit ; & *Suzanne* le Sénéchal.

XIX. PIERRE-MARIE le Sénéchal, Vicomte de Pacé, & Seigneur de Kerguisec, qui fut Doyen de la Noblesse, épousa *Marie* de Bruc la Varenne, dont il eut 1. LUC-JULIEN le Sénéchal qui suit ; 2°. *Suzanne* le Sénéchal mariée à *N.....* le Voyer, Seigneur des Aulnais en Bretagne.

XX. LUC-JULIEN le Sénéchal, Seigneur de Kerguisec, de Thoainnic, de Cohanno, &c. Pensionnaire de Sa Majesté, pour une blessure qu'il a reçue au service, a épousé 1°. *Marie* Rogon, Dame de Belesbat, dont il a eu

1. *Pierre-Marie* le Sénéchal; 2. *Louis-Alexandre* le Sénéchal, Page du Roi, & ensuite Cornette dans le Régiment de Clermont-Tonnerre; 3. *René* le Sénéchal; 4. *Marie-Joseph* le Sénéchal, Abbé de Kerguisec, pourvu du Prieuré de Kerguisec, fondé pour ceux de son sang, & qui avoit été possédé par *Corentin-Joseph* le Sénéchal, Marquis de Molac; 5. *Marie-Thérèse* le Sénéchal; 6. *Jeanne* le Sénéchal. Il a épousé 2°. *Alexandrine* de Bruc de Montplaisir, fille de *N....* Bruc, & de *N.....* du Fay, dont il a eu 1. *Joseph-Innocent* le Sénéchal Kerguisec, Lieutenant au Régiment de Bresse; 2. *Prudent* le Sénéchal, qui est dans l'État Ecclésiastique; 3. *Aurelie* le Sénéchal; 4. *Geneviéve-Marie* le Sénéchal; 5. *Lucrece* le Sénéchal. Les Armes de la Maison de le Sénéchal Kercado sont, *d'azur à neuf macles d'or.* * M. d'Hozier, *Armorial général*, II régistre.

III.

COMPTE rendu à la Cour par M. de Clairambault sur la Maison de le Sénéchal.

LE SÉNESCHAL-KERCADO, en Bretagne, qu'on prononce Carcado, porte d'azur à 9 Macles d'or, posées 3, 3 & 3.

LES premiers Seigneurs de cette Maison, l'une des plus anciennes de la Province de Bretagne, se trouvant Séneschaux féodés & héréditaires de la Vicomté de Rohan, presqu'aussi anciennement que le château de Rohan fut bâti, on a jugé de-là qu'ils avoient pris leur nom de cette dignité, d'autant plus distinguée alors, qu'elle étoit attachée à une Terre héréditaire appellée la Sénefcallie, qu'elle paroissoit avoir une espéce d'indépendance, en ce que la possession de cette Terre, composée des chatelenies de Coëtniel, de la Motte-Donon, & des fiefs de Saint-Caradec & de Cadelac, suffisoit pour posséder cette dignité, sans avoir besoin de la nomination du Vicomte de Rohan ; que cette Terre n'avoit de sujétions, que les devoirs ordinaires de fiefs, & que son possesseur avoit droit de porter la banniere de la Vicomté de Rohan, de commander la Noblesse de ce pays, & d'instituer un Lieutenant dans toutes les Jurisdictions de la Vicomté, &c. que certains Officiers de cette Jurisdiction étoient au choix de ce Séneschal, puisque par une transaction de l'an 1269, le Vicomte de Rohan convint de donner 20 liv. de rente en fief à Olivier le Séneschal, pour avoir la liberté de se nommer un alloué, (ce mot répond à celui de Juge immédiat après le Séneschal), lequel tiendroit ses plaids (ses audiences), dans ses Jurisdictions, lorsque ledit Vicomte ne pourroit les tenir en personne.

Le premier qui soit connu, est Daniel le Séneschal, qui assista comme témoin à la fondation faite l'an 1184, de l'Abbaye de Bon-Repos, Diocèse de Quimper, par Alain III, Vicomte de Rohan. Il eut pour successeur,

Fraval le Séneschal, Féodé de Rohan, vivant dans les années 1204 & 1213, & qualifié Chevalier, l'an 1254, auquel succéda :

Olivier le Séneschal, Féodé de Rohan, qualifié Chevalier dès l'an 1259, qu'il se porta caution d'un emprunt fait au Vicomte de Rohan. Ce fut lui à qui ce Vicomte donna l'exemption du droit de rachapt l'an 1264, pour sa Terre de la Senescallie, & une rente en fief,

l'an

l'an 1269, pour avoir la liberté de se nommer un alloué. Le sceau de cet Olivier représente sept macles. Il fut l'ayeul de

Olivier le Sénéschal, Féodé & héréditaire de Rohan, auquel Alain VI, Vicomte de Rohan, confirma en 1289, tous les droits de la Sénéscallie, qui la porta en mariage à Josselin de Trebimoel, d'où elle a passé ensuite par filles successivement dans les Maisons de Molac, de Rieux-Rochefort, de la Chapelle, de Rohan & de Rosmadec. C'est dans cette derniere Maison que cette Senescallie s'est éteinte l'an 1641 ; mais cet Olivier avoit, selon la vraisemblance, pour frere cadet :

Eon ou Eudon le Sénéschal, Seigneur du Bot, dit le Sénéschal, dans la Paroisse de Saint-Caradec, laquelle Terre du Bot faisoit partie de la Terre de la Sénéscallie, & par cette raison la Terre du Bot a toujours joui de l'exemption de rachapt. Cet Eon épousa Olive de Kercado ou Carcado, héritiere de sa Maison & de la Terre de Kercado, aussi affranchie du droit de rachapt par les Vicomtes de Rohan ; ils étoient morts l'an 1368, laissant pour fils aîné :

Alain le Sénéschal, Seigneur de Kercado & du Bot Saint-Caradec, qui fit partage noble avec ses freres, l'an 1368, & mourut l'an

L

1372, en sa Terre de Bot, laissant de Jeanne du Pont, sa seconde femme, pour fils,

Even le Séneschal, Seigneur du Bot-Saint-Caradec, de Kercado & de Brohais, vivant l'an 1399 & 1403, lequel accompagna le Duc de Bretagne à son voyage d'Amiens en 1423, & paroît être mort l'an 1429 ; son sceau repré-sente aussi sept macles. Son fils aîné fut :

Thibaud le Séneschal, Chevalier, Seigneur de Kercado, du Bot-Saint-Caradec & de Bro-hais, marié avant l'an 1414, avec Jeanne du Fou, qui lui apporta les Terres de Courcelles & de la Plesse-Chamaillard au Maine ; il est compris dans la premiere réformation de la Noblesse de Bretagne, qui est de l'an 1426 ou 1427, & fut gratifié l'an 1447, d'une somme de six cens écus d'or, par le Duc de Bretagne, pour le récompenser des dépenses qu'il avoit faites en menant des troupes & gens de guerre dans la Normandie pour le service de ce Prince qui le qualifia son féal Chevalier. Il eut pour fils aîné :

Guillaume le Séneschal, Seigneur de Kerca-do, du Bot-Saint-Caradec & de Brohais, qui n'eut qu'un fils unique, nommé Jean le Sénes-chal, qui suit, d'Yolande de Rohan du Guede-lisle, sa seconde femme, qu'il avoit épousée l'an 1463 : laquelle, comme Tutrice de ce fils unique, obtint juridiquement l'an 1472 une nouvelle confirmation du droit de rachapt pour les Terres du Bot-Saint-Caradec, de Kercado & de Brohais ; & elle vivoit encore l'an 1506.

Jean le Sénefchal, leur fils unique, Seigneur de Kercado, du Bot-Saint-Caradec & Brohais, étoit marié avant l'an 1495, avec Simone de Bellouan d'Avaugour, dont il eut deux fils. L'aîné nommé Jean, fut Gentilhomme de l'Hôtel du Roi François I, en 1520, & tué, à ce qu'on dit, à la bataille de Pavie en 1529, & & le fecond fut :

Guillaume le Sénefchal, Seigneur de Kercado, du Bot-Saint-Caradec & de Brohais, lequel fervit dans les Compagnies des Ordonnances du Roi en 1521, & époufa Catherine de la Motte de Vaucler, Dame de Coeflo & de Maugremieu, don l'ayeule maternelle étoit fœur de l'Amiral de Montauban ; elle étoit veuve l'an 1543, ayant pour fils unique,

Robert le Sénefchal, Seigneur de Kercado, du Bot-Saint-Caradec & de Brohais, qualifié noble & puiffant dans différens actes. Il époufa, 1°. l'an 1585, Marie de Tregaranteuc, dont il eut François le Sénefchal qui fuit ; 2°. Jeanne Maydo, Dame de Tredudai, qui le rendit pere de Tanneguy le Sénefchal, auteur de la Branche des Seigneurs de Tredudai.

François le Sénefchal, Chevalier, Seigneur de Kercado, du Bot Saint Caradec, de Brohais & de Saint-Mauden, auffi qualifié de Noble & puiffant, étoit Capitaine d'une Compagnie d'Ordonnance en 1578, Chevalier de l'Ordre du Roi, dit de Saint Michel, & Gentilhomme ordinaire de fa chambre en 1598; il avoit époufé en 1596 Jeanne Harpin, fille d'un Préfident à Mortier du Parlement de Bretagne, dont vint :

François II, le Sénefchal, Baron de Kercado, par érection de l'an 1624, Vicomte de Saint-Mauden, qui époufa l'an 1620, Catherine de Lys du Tertre, dont le Pere étoit Confeiller au Parlement de Bretagne. Il laiffa les deux fils ci-deffous, outre un autre nommé Euftache le Sénefchal-Carcado, Aumônier des Reines de France Anne & Marie-Thérefe d'Autriche, mort Evêque de Treguier.

1°. Jean-Baptifte le Sénefchal, Baron de Carcado, Vicomte de Saint-Mauden, appellé Marquis de Carcado, Meftre de Camp d'un Régiment d'Infanterie de fon nom, mort âgé de vingt-huit ans en 1654, d'une bleffure reçue au fiége de Stenay, laiffant pour fils uni que, de Jeanne Boterel de Quintin, sa femme, Hyacinthe-Anne le Sénefchal, appellé le Marquis de Carcado, ayeul de Louis-Alexandre-Xavier le Sénefchal, appellé le Marquis de Carcado, Lieutenant Général des Armées du Roi, & marié avec Mademoifelle de Montmorency de la Neuville & de Louis-Gabriel le Sénefchal, appellé le Comte de Carcado, Brigadier d'Infanterie & Colonel du Régiment de Breffe, marié avec Mademoifelle Poncet de la Riviere.

2°. René le Sénefchal, appellé le Vicomte de Carcado, Meftre de Camp & Brigadier, tué à la bataille de Seneff en 1674, qui avoit époufé Marie-Anne de Rofmadec de Molac, laquelle le rendit pere de Sébaftien-Hyacinte le Sénefchal-Carcado, Marquis de Pontecroix, par érection de l'an 1719, appellé le Comte de Carcado, Lieutenant Général des Armées du Roi, Gouverneur de Quimper : lequel a laiffé pour fils René-Alexis le Sénefchal-Carcado, appellé le Marquis de Molac, Colonel du Régiment de Berry, tué à la tête des Grenadiers au Siége de Prague, & Corentin le Sénefchal, à préfent appellé le Marquis de Molac, Colonel du Régiment de Périgord, Gouverneur de Quimper, marié depuis l'an

1751 , avec Marie-Louise le Séneschal-Carcado, sa petite niéce à la mode de Bretagne.

Les principales alliances, outre celles ci-deffus, font celles de Beauvau, de Ploeuc, de Boisbouezel, de le Veyer, de Kersaufon, de le Voyer, de Boifgelin-Cucé, de Goyon, de Vaudurant, de Botderu & autres.

Nous fouffigné Généalogifte des Ordres du Roi, & en cette qualité Garde du Cabinet de l'Ordre du Saint-Efprit, certifions que le Mémoire fur la Maifon de le Séneschal-Carcado, ci-deffus tranfcrit, a été compofé par feu M. de Clairambault , notre Prédéceffeur, pour procurer à Meffieurs le Comte de Carcado & Marquis de Molac, l'honneur d'être admis dans les carroffes & à la table du Roi; & aux Dames, leurs époufes, celui d'être préfentées à Sa Majefté, admifes dans les carroffes & à la table de la Reine; & que la préfente copie eft conforme à l'original écrit de la main dudit feu fieur de Clairambault, & dépofé audit cabinet. En foi de quoi nous avons figné le préfent certificat, & y avons appofé le cachet de nos armes. A Paris, ce ..... jour du mois de Juillet de l'année mil fept cent foixante-treize. *Signé* CHERIN.